# 淡泊的书香

主编 ◎ 王子安

71位文学家的人生风华

（第10卷）

DANBO DE SHUXIANG

汕头大学出版社

图书在版编目（CIP）数据

淡泊的书香：171位文学家的人生风华. 第10卷 /王子安主编. -- 汕头：汕头大学出版社，2012.5（2024.1重印）
ISBN 978-7-5658-0751-0

Ⅰ. ①淡… Ⅱ. ①王… Ⅲ. ①作家－生平事迹－世界 Ⅳ. ①K815.6

中国版本图书馆CIP数据核字(2012)第081278号

---

淡泊的书香：171位文学家的人生风华. 第10卷

| 主　　编： | 王子安 |
| --- | --- |
| 责任编辑： | 胡开祥 |
| 责任技编： | 黄东生 |
| 封面设计： | 君阅书装 |
| 出版发行： | 汕头大学出版社 |
| | 广东省汕头市汕头大学内　邮编：515063 |
| 电　　话： | 0754-82904613 |
| 印　　刷： | 河北浩润印刷有限公司 |
| 开　　本： | 710 mm×1000 mm　1/16 |
| 印　　张： | 12 |
| 字　　数： | 80千字 |
| 版　　次： | 2012年5月第1版 |
| 印　　次： | 2024年1月第2次印刷 |
| 定　　价： | 55.00元 |

ISBN 978-7-5658-0751-0

---

版权所有，翻版必究
如发现印装质量问题，请与承印厂联系退换

# 前 言

自古以来,中华民族即具有以"圣人立言、家祖立训"的方式来育子、治家的传统。我们的祖先通过编写包含历代圣哲贤人的经典话语与为人处世的故事,家族祖辈的家法家规与训子语录,从而在"父教子、子教孙"的世代教授、相予中,而着力培养子孙后代的德行品质,在"成事先成人、立业先立德"的道德标榜中,塑造着家族的精神与形象。在中国古代,诸如《大学》、《论语》、《四书》、《五经》、《女儿经》、《弟子规》等等,无一例外的都是一种个人道德修养的必修读物。古人期望通过这些华夏民族经典古籍中所记录的有关圣贤们的言行故事,而从中悟出做人的道理,进而使家族的精神、道德得以世代继承,而保持家族的荣光,或永恒昌富,或由贫而贵。在古代,家如此,国亦如此,无论是公立私塾还是皇家太学,对于古代贤者精英的言行道德学习与模仿,始终是教育的一项重要内容。

历史发展到今日中国,我们的民族已经进入"崇尚发展个人的价值,崇尚民族的整体精神,复兴中华民族悠久历史文化"的时期,一股股国学浪潮正在蓬勃发展。崇文诵典,重新重视"圣人言""圣人书",已逐步得到推广与民众的认可。尤其是对于今日那些身处大众媒体高度发达、信息资源极端丰富背景下的中国青少年来说,他们一方面由于信息的灵便而可以享受到资讯时代的便捷,另一方面也不可避免地会遭遇到成长时的迷茫。对于青少年成长中的"成长迷茫",是可以通过讲述古人的人生故事、才智故事与人生态度,而给予他们以有益的帮助的,因为"榜样的力量是无穷的"。

《淡泊的书香——171位文学家的人生风华》共分十卷,按照"生平简介、童年岁月、教育历程、人生故事、婚姻爱情、人生理念、选文欣赏"的结构，详细介绍了171位古今中外著名文学家的点点滴滴。通过阅读此书，读者可以深刻认识这些著名文学家的豪情壮志、文学历程，并对其代表作进行了内容简介以及作品欣赏，从而很好的提高读者的文学爱好和文学修养。在具体而言，该丛书在叙述每个文学名家时，做到了尽量——将人物在当时生活环境中所富有的文学天赋——展现在读者面前，并将他们在文学追求上的那种坚定的信念、务实的精神、执着的工作态度，所受到的家庭教育、学校教育、社会教育，以及他们个人的素质、修养、性格、经历等元素，均给予呈现，从而使读者体会到他们创作文学作品背后的执着爱好、坚持理想、强烈求知、意志坚强、迎接挑战与勇于创新的人生品质。因此本书具有很强的知识性、可读性、趣味性，是读者必选的课外读物之一。

当然，在具体到某些个别人物时，由于资料的缺陷而造成编写时并未严格按照"生平简介、童年岁月、教育历程、人生故事、婚姻爱情、人生理念、选文欣赏"的结构去编写，一些人物在文献中的资料缺乏，可能造成讲述该人物时，会显得资料单薄。另外，由于编者水平与时间的有限、仓促，使得此书难免会存在一些不足之处，敬请广大青少年读者予以见谅，并给予批评。希望此书能够成为广大青少年读者成长的良师益友，并使青少年读者的思想得到一定程度上的升华。

2012 年 5 月

# 目 录

普里什文 ………………………………………… 1

杰克·伦敦 ……………………………………… 14

埃林·彼林 ……………………………………… 22

普列姆昌德 ……………………………………… 26

乔伊斯 …………………………………………… 31

卡夫卡 …………………………………………… 36

阿·托尔斯泰 …………………………………… 46

劳伦斯 …………………………………………… 56

马雅可夫斯基 …………………………………… 65

左琴科 …………………………………………… 78

海明威 …………………………………………… 85

法捷耶夫 ………………………………………… 98

小林多喜二 ……………………………………… 110

| | |
|---|---|
| 伏契克 …………………………………… | 117 |
| 奥斯特洛夫斯基 ………………………… | 122 |
| 聂鲁达 …………………………………… | 133 |
| 肖洛霍夫 ………………………………… | 155 |
| 新美南吉 ………………………………… | 167 |
| 加　缪 …………………………………… | 175 |

# ◎普里什文

米哈伊尔·米哈伊洛维奇·普里什文（1873—1954年），20世纪俄罗斯文学史上极具特色的人物。1873年生于俄罗斯奥廖尔省一个破败的商人家庭，童年时代在乡村度过。中学时就对马克思主义产生兴趣。1894年考入拉脱维亚里加综合技术学校，1897年因传播马克思主义被捕入狱。出狱后留学德国，在莱比锡大学哲学系攻读农艺学。在此期间，他阅读了斯宾诺莎、康德、尼采和歌德的著作。1902年回

普里什文

国后到俄罗斯北方白海沿岸的密林和沼泽地带进行地理和人文考察，搜集了大量民间文学。

他根据考察见闻，写成随笔集《飞鸟不惊的地方》，以富有民间文学特色的语言，细致而生动地描绘了该地区的自然地貌和人文景观，描述了

尚未被现代文明冲击的农民、渔夫、猎人、妇女和儿童的淳朴生活和风俗习惯。普里什文的多数时间都在路途、山水中度过，行吟漫游成为他探求的开端。他写了《跟随神奇的小圆面包》《在隐没之城的墙边》《黑阿拉伯人》等随笔集。相继推出自传体长篇小说《恶老头的锁链》，随笔集《别列捷伊之泉》《大自然的日历》《仙鹤的故乡》。

《别列捷伊之泉》标志着普里什文"自然与人"创作思想的生成。作家按照自然的时间推进，并应和自然界的种种变化，从春天的第一滴水写起，直至人的春天，其间穿插着俄罗斯中部乡村的生活细节。第一次把"大地本身"当作"故事的主人公"。自然具体地贯穿于生命活动和生活进程中，深入到了人的实际生活和具体在人的内心世界中。普里什文仿佛就是俄罗斯大自然的一种现象。

普里什文是怀有强烈宇宙感的诗人，具有倾听鸟兽之语、草虫之音异能的学者。虽然历经俄罗斯文学中批判现实主义的衰落、现代主义的崛起和社会主义现实主义的繁盛，他却始终保持了个性化的艺术追求。他的创作不仅拓宽了俄罗斯现代散文的主题范围，而且为其奠定了一种原始、自然、生态意义上的风貌。其名作还有《没有披上绿装的春天》《叶芹草》《林中水滴》《大地的眼睛》《国家大道》。1954年，普里什文卒于莫斯科近郊的林中别墅。

## 歌唱大自然的诗人

普里什文，全名米哈依尔·米哈伊洛维奇·普里什文，出生于奥廖尔省叶烈茨县一个商人家庭，是一位歌唱大自然的诗人，横跨旧俄罗斯和前苏联两个时代，早年因激进思想和行动被学校开除和当局逮捕，后到德国莱比锡大学学习农艺，回国后任农艺师，并经常为杂志写稿。他的文学特写集《飞鸟不惊的地方》出版使他一举成名并走上文学道路。后来，他曾在祖国到处游历，带着铅笔和小本子到森林里去，随便坐在一个树墩上，让笔跟踪他的思想，记下大自然在他心中唤起的一切。

他把内心感受和大自然融为一体，使他的文章充满智慧和诗意。他出版的著作很多，主要的有《大自然的日历》《没有披上绿装的春天》《仙鹤的故乡》《太阳的宝库》《恶老头的锁链》。《大地的眼睛》是作者晚年的随笔集，又称日记体散文，其中有许多是优美的散文诗。普里什文是苏俄著名作家，也是公认的语言大师，高尔基称他为"诗人和哲人"。他的作品具有非常独特的风格，描写的是自然界的生活，歌唱与大自然紧密联系的人的创造性劳动。

《散文诗》是他创作的最高成就，普里什文说："我笔下写的是大自然，自己心中想的却是人。"他笔下的大自然，生机勃勃，色彩斑斓，妙趣横生，充满令人心旷神怡的诗意和哲理。他的散文诗清丽流畅，意境隽永，蕴含着一种音乐的韵律，令人读来爱不释手。普里什文作品字里行间流露着亲切的自然气息，普里什文的散文诗大多描写大自然的富饶和生命力，想象丰富，比喻新颖贴切，表达了他对自然和人的关系的深刻哲理思考和细腻的观察与感受，有的则是借助自然事物来演绎人生哲理，十分生动形象，没有什么说教的意味。

普里什文并不是单纯做一个自然的描绘者，而是从人类学、社会学、民族学角度，对当地的文化历史进行了深入探讨。根据考察见闻，写成随笔集《飞鸟不惊的地方》，以富有民间文学特色的语言，细致而生动地描绘了该地区的自然地貌和人文景观，描述了尚未被现代文明冲击的农民、渔夫、猎人、妇女和儿童的淳朴生活和风俗习惯，并且寻幽探秘，追寻当地文化和分裂教派传统汇集而成的独特地域文化，融合了从历史深处延宕而来的凝重而从容的思考。《飞鸟不惊的地方》的成功使普里什文在俄罗斯文坛崭露头角。

他一边写作，一边投进自然的怀抱。在以后的十多年中，普里什文的多数时间都在路途、山水中度过，行吟漫游成为他一系列探求的开端。尤其是《别列捷伊之泉》标志着普里什文"自然与人"创作思想的生成，而且最终使他为年轻的苏维埃文学所接纳。在这部作品中，作家按照自然的时间推进，并应和于自然界的种种变化，从春天的第一滴水写起，直至人的春天，其间穿插着俄罗斯中部乡村的打猎、农事、节庆等生活细节。在这里，普里什文不仅把自然与具体的日常生活，与人的复杂情感结合起来，而且第一次把"大地本身"当作"故事的主人公"。

普里什文这个名字，对于很多读者怕是陌生些。在俄罗斯，描写大自然景物的圣手，我们可以举出普希金、屠格涅夫、高尔基、普宁、叶赛宁。大自然，在这些作家的笔下，似乎都不是独立的生命体，可到了普里什文的笔下，则一切都充满了生命。他笔下写的是大自然，心中想的是人，是那个与大自然贴得最近的人：他自己和无法亲近大自然的人。

《林中水滴》这部散文诗是普里什文创作成就的高峰之一，他主张在自然界中寻觅和揭示人的心灵。例如他写的《瑞香》："这种花远远闻去异香扑鼻，有如风信子，但移近鼻子，却有一股怪味，比狼的臊气还难闻。我望着它，心里好不奇怪，并从它身上想起了一些熟人：他们远远望去，风姿英俊，近前一看，却同豺狼一般，奇臭难闻。"

普里什文有一双善于在大自然中看到常人看不到的情趣的慧眼通过所捕捉到的美妙的瞬间，使他笔下的许多作品充溢着诗情画意和哲理，有时还带有几分幽默。他的《蘑菇也会走路》是这样写的："有蘑菇吗？"我问护林员的小女儿。"有毛头乳菌、松乳菌、牛肝菌。""白蘑菇呢？""也有白蘑菇，只是眼下天冷了，白蘑菇都搬到枞树底下去了。白桦树下面您找也用不着找……都在枞树底下哩。""它们怎么能搬家呢，你什么时候看过蘑菇走路啊？"小姑娘慌了，但突然明白了我的意思，于是做了个狡黠的鬼脸，回答我说："它们是在夜里走路啊，我怎么能在夜里看到它们呢？这是谁也看不见的。"

普里什文的许多作品，都不是凭记忆写的，而是像画家写生一样在户外原地写的，在潮湿的树桩上写的。他的词句不是产生于书桌旁，而是在自然界直接观察时，不断发现动植物的新现象和未经研究过的特点时，脱

颖而出的。这从他的《第一朵花儿》里看得更加分明:"我以为是微风过处,一张老树叶抖动了一下,却原来是第一只蝴蝶飞出来了。我以为是自己眼冒金星,却原来是第一朵花儿开放了。"他还说:"如果有心细察锦毯一般的大地,无论哪个树桩的废墟都显得那么美丽如画,着实不亚于富丽堂皇的宫廷和宝塔的废墟。"为什么普里什文能准确观察大自然呢?这并非偶然,大抵是得力于他原是一位通晓动植物的专家。可以说普里什文是一位伟大的自然诗人,他的散文诗就生长在大自然里,诗里分明还带有植物、动物和泥土的气息。

## 永远的普里什文

康·巴乌斯托夫斯基曾说,在整个世界文学中,也未必能找到和普里什文并驾齐驱的作家。他认为普里什文的散文有充分的根据可被称为"俄罗斯语言的百草",它们时而有如芳草簌簌作声,时而有如清泉潺潺流淌,时而有如百鸟啾啾争鸣,时而有如薄冰悄悄脆响。普里什文自己则如是坦言:"我的全部道路就是从孤独走向人间。我写书就像是为自己的后辈写一篇关于心灵的遗嘱,为的是让他们理解他自己所不理解的东西,并吸收它,从而受益。"

俄罗斯是个盛产自然诗人的国度,而普里什文就是这么一位杰出代表。普里什文是一个完全意义上的大自然的作家，他所有的作品都有如林中滴水一样纯净和明亮，折射着大自然四季的色彩和光芒。年轻时代他去了德国，在莱比锡大学学习农艺，并阅读了大量的哲学和文学作品。回国后他便一直从事农艺师的工作，还为一些农艺杂志写一些专业方面的文章。他是俄国地理学会的会员，曾经在祖国各地考察和旅行。这为他以后成为大自然的代言人做了扎实和丰富的准备。

《萨绍克》是他的第一篇文学作品，这是一篇儿童故事。后来在他的作品里，仍有大量的为孩子们创作的动物散文故事和以大自然为题材的小说与散文。因此，他也是一位公认的儿童文学家。在他游历俄国北方地区之后，他写出了散文特写集《飞鸟不惊的地方》。这部作品奠定了他作为世界上最好的散文作家之一的地位。诗人亚历山大·勃洛克读到这本散文集后说："这只能是诗！同时还是什么别的东西。"这里所说的"别的什么"也许就是指普里什文作品在优美的文学性之外，还具有丰富和准确的有关地理学、方志学、动植物学、民俗学、气象学、农艺学、物候学等等方面的知识性与趣味性。1925年他发表了著名的物候笔记体散文集《别列捷伊之泉》，后来又加以补充，改名为《大自然的日历》。

普里什文热爱并崇拜着大自然，他的一生几乎都是在大自然的怀抱里度过的。他热爱大自然到几乎将自己变成了它的一个器官的程度。他的全部作品的主题都是在表现人类和大自然之间的和谐关系，都在于发现大自然自身所蕴藏的美丽、丰富、神秘和神奇，表达他个人对大自然的一草一木和飞鸟走兽的细腻的观察与独特的感受。似乎他就是为此而生。巴乌斯托夫斯基说普里什文的作品揭示出了俄罗斯大自然的潜台词，而且普里什

文本人仿佛就是"俄罗斯大自然的一种现象"。

1954年,普里什文去世后,人们整理出版了他留下的大量的关于自然观察的笔记中的一部分。巴乌斯托夫斯基说:"就其内容来看,这是一部惊人的巨著,充满富有诗意的思想和出乎意料简短的观察结果——普里什文在这些笔记中用两三行文字表达出来的这些观察结果,如果加以发挥,就足够另一个作家写出整整一本书来。"这样的评价一点也不夸张,他就是这么的高妙。无论是在《大地的眼睛》里,还是在《大自然的日历》里,普里什文都以自己丰富的物候学、气象学、方志学以及动植物方面的近乎百科全书式的知识为基础,用优美的犹如抒情诗和钻石一般的语言,细致而饶有趣味地讲述了俄罗斯大自然四季的变化和景色,尤其是揭示了大自然内在的美质和秘密。

在这些短小的散文里,读者能够从一滴水、一缕雾气、一棵白桦树或榛树,逼真地感到了大自然的温柔、宽阔、包容和坚韧的性格;也从那些大雷鸟、天鹅、仙鹤、青蛙、苍头燕雀、白眉鸫鸟、杜鹃、夜莺、雨燕、金龟子、蜉蝣、蛇、松鼠、雪兔、胡獾……的生存方式与生命状态里,感知和发现了大自然中的生存法则和和谐相处的秘密。而这些秘密又是以"普里什文的面貌"展现在我们面前的。

正如巴乌斯托夫斯基所分析的:"如果说文学中有潜台词——作品的第二种含义,如同回声一般反映主音并使之在我们意识中巩固下来的、第二次出现的幻象——那么,普里什文就揭示出了俄罗斯大自然的潜台词。这一潜台词的秘密就是:由于看到小树林、野兽、云彩、河流、僻静的灌木丛,由于看到某一棵醋柳第二次开花,产生了他个人的十分隐秘的内心感觉，这种内心的感觉和大自然融为一体，并赋予大自然一种特殊的、普里什文的面貌。"这种"普里什文面貌"即是任何其他作家无法模仿和取代的风格。

# 普里什文的《真理》赏析

《真理》是普里什文的一篇佳作。选自随笔集《大地的眼睛》的第二部分《沉思》中的"1950年"一章。这一部分着重是对人生的各个方面的思考。在这一部分里，普里什文思考的问题相当广泛，有人生的、艺术的、社会关系的、道德的、历史人物评价的，还有对真、善、美和爱予以生活化诠释的。虽然都是随笔式，短小精悍，但处处都闪耀着思想的火花和诗意，能在人们心灵深处激起对美的憧憬。

什么是真理？这是一个十分抽象的概念，有各种各样的解释。但普里什文笔下的"真理"却十分简单，十分具体，十分生活化和大众化，它就是"意味着人身上良心的胜利"，它就是"良心"。"谁没有良心，他也就多半没有真理"。那么，"良心"又是什么呢？中国古代认为，良心是人本然之善心，是生下来就有的一种善良品质。西方许多人则认为良心是上帝之声，是上帝赋予每个人分辨是非善恶的指南。唯物主义观点则认为，应当把良心看成是一定社会关系和道德关系的反映，是人在心灵上对是非善

恶进行评判的精神法庭，因此，良心是隐藏于人们内心深处的一种道德意识，是个人进行自我道德评价的一种能力。有良心，就是坚持真、善、美；没有良心，就是固执于假、恶、丑。所以，普里什文说："有良心的人就称之为真理。"这是对"真理"这一深奥的哲学理论最大众化通俗化的比喻和说明。

从结构上来看，全诗分为三个部分，部分之间都空行隔开，虽然很短，但整体结构非常完整严密。第一部分仅一句话，但它是全诗思想的基点与灵魂：真理，意味着人身上良心的胜利；有良心就有了真理。后面两部分便围绕着这一基点展开说明并予以深化。第二部分用生动的比喻说明真理是有生命的，是发展前进的，生气勃勃的，真理的生命之树常青。第三部分用严实的语言进一步说明真理的时代性，它是前进的道路，每个人都应该走的道路；它也是一种思想，每个人都能用心灵感觉到的思想。坚持真理，也就是坚持应该走的道路；坚持真理，就是他良心的胜利。最后总结全诗并回应开头：再次强调真理就是意味着人身上良心的胜利，谁没有良心，谁也就多半没有真理。

《真理》的语言很平实，生活化，运用的比喻很新颖。如把真理比喻成"人身上良心的胜利"，"真理却像春天里一堆废物当中的青葱的幼芽"等，都是非常新颖而生活化的，即使没有多少文化的人听了也会明白"真理"是怎么一回事。

用"心"感知大自然，用"心"感悟玄奥的抽象理论，并用生活化的语言和比喻，将它转达到艺术中去，这是普里什文散文诗的最大特点。他说："我是这样一个作家。他写书就像是为自己的后辈写一篇关于心灵的

遗嘱，为的是让他们理解他自己所不理解的东西，并吸收它，从而受益。"因为，"一切真正新的东西都在证明着美和善，并且给人以希望。"

# 普里什文的《水的春天》赏析

《水的春天》以百来字的篇幅，营造了一种春意盎然的氛围，勾勒出大自然的风光，留给读者一份恬淡的自然美。使人置身于早春二月的自然景色中，萌发起一种热爱自然的激情和拥抱大自然的向往之情。《水的春天》的构思可谓匠心独具，它的美应该说是集声、形、色于一身，但作者并没有这样写，而是通过一系列"人们最熟悉的，恰恰就是人们最不了解的"意象创造了一个幽静美的境界。

在这篇散文诗中，作者以非常简洁生动的语言描绘了一幅早春图，但重点放在"水"上。先写远方的积雪，"积雪还很厚，但已经显得异常疏"。这意味着气温逐渐回升，春天的脚步声近了，同时也暗示着作者心中的某种愿望即将得到实现。这一静态的描摹，却被一只活动的野兔"搅"了，构成静中有动的一个小场面，进一步激活读者的视线去关注下一个场景，关注即将来临的春天。

你喜欢广阔的草原么？你喜欢蔚蓝的大海么？你喜欢青青的芳草地么？可是，作者并未从大的方面入手，只从人们不去注意的地方写起，也

并没有通过五彩缤纷的颜色美来丰富读者的视觉；而是简单地描绘了积雪、鸟群、白桦树以及大路上的残冰，浮着冰块的河床。以这些意象，共同构筑了关于"水"的世界，在这冰雪即将融化的时刻，凸现出一种恬静自然的美。"远处飞来的鸟群，在开始发黑的土地上寻找着食物"。这群鸟在寻找食物，是因着季节的更换，重新来到久别的地方，怎能不高兴不已？毕竟寒冷的冬天已经过去了。它们的心情正如"雨里的白桦林""高兴得流泪"，这闪光的"水珠儿"正是鸟群们的"泪珠"。同时，"白桦林"也因久违的一场春雨而"高兴得流泪"。这是我们对生活的一种渴求得到满足时的真实写照，因为生活本身就是一个不断实现理想的过程。

接下来，作者把思路转移到近处的大路上和河岸边。"残冰狼藉，浮着冰块的河床两岸松软、塌陷了。"破碎的残冰铺盖着的大路被人们踏着春天的脚步踩碎了。这不仅仅是"踩碎了残冰"，而是踩碎了"一个漫长而又寒冷"的季节。河床中的冰开始解冻了，野兔"留下了长长的足迹一串"，这又构成了一幅寓意深刻的写意图。

这篇散文诗，作者用写生性的手段，把平常生活中不被人们注意的大自然景观，写成带有极强画面感的诗歌，出现在人们眼帘的是一幅早春二月图。全文由远及近，通过读者视线的转移，进一步领略大自然美的层次感。在这样平淡朴实的意境中，去寻找"留下长长的足迹一串"的野兔。

普里什文曾说："您认为真理就像一座屹立不动的山岩，或者像一头奶牛吗？真正的真理是生气勃勃的，它和一切有生命的东西一样，在为自己开辟道路，好似一堆废物之中一棵春天的青葱的幼芽。""堂吉诃德像钉钉子那样把真理钉进自己的头脑里，而真理却像春天里一堆废物当中的青

葱的幼芽——看着真叫人感到惊心动魄，这是一场什么样的斗争啊！时间流逝，一切都将绿化——真理终将获胜，真理的世纪终将来临。""我们所以是同时代的，是因为我们大家都被某种思想联结在一起。每个时代都流行一种特殊的思想，其中包含有这个时代里我们该走的道路。能不能认识这一思想呢？这是个问题，但每个人都能用心灵感觉到这种思想，就像感觉到我们的道路一样，只要他想看看自己的良心，而对我们真正的道路的感觉，有良心的人就称之为真理。可是，当然也有没有良心的人……不过谁没有良心，他也就多半没有真理。"

# 中外名人故事

## ◎杰克·伦敦

杰克·伦敦（1876—1916年），原名为约翰·格利菲斯·伦敦，著名美国小说家，生于旧金山，来自贫困不堪的底层阶级。是美国著名的现实主义作家，被称为"美国无产阶级文学之父"。著有《马丁·伊登》《野性的呼唤》《海狼》等。杰克·伦敦的作品展示了荒凉空旷又蕴藏宝藏的阿拉斯加，波涛汹涌、岛屿星罗棋布的太平

杰克·伦敦

洋，横贯美洲大陆的铁路线，形形色色的鲜活人物，以及人与自然的严酷搏斗。

杰克·伦敦的创作，笔力刚劲，语言质朴，情节富于戏剧性。他常将笔下人物置于极端严酷、生死攸关的环境下，以展露人性中最深刻、最真实的品格。杰克·伦敦赞美勇敢、坚毅和爱等等这些人类的高贵品质，他笔下那"严酷的真实"常使读者受到强烈的心灵震撼。杰克·伦敦的作品

独树一帜，充满筋肉暴突的生活和阳刚之气，最受男子汉的欢迎。

## 严酷真实的作家

杰克·伦敦生于加利福尼亚州的旧金山，父亲是个破产的农民，颠沛流浪，家庭总是极端贫困。杰克从小从事体力劳动，10岁就上街卖报，14岁进奥克兰罐头厂当童工，有时甚至连干36小时。他后来在短篇小说《叛逆者》（1911）里，控诉了资本主义制度下悲惨的童工生活。因无法忍受这种奴隶劳动，他离开工厂，到旧金山港口干了一年多违禁在海上捕蠔的"蠔贼"，后来又在船上当了一年左右的水手，到过日本。航行回来，他先后在黄麻厂和铁路工厂干粗活。他一个人干两个人的活，受尽资本家的剥削。他愤然离开工厂，又开始流浪生活。

1894年，杰克·伦敦18岁，美国发生了严重的经济危机。大批工人失业，罢工不断。西部几个城市，以失业工人为基础，组成"工人军"向华盛顿进军，要求政府改善工人生活条件。杰克·伦敦参加了这次进军，但他不久就离开了"工人军"，"工人军"后来也被警察驱散。他步行或扒火车在全国各地流浪，还被警察作为"无业游民"逮捕罚做苦工。这些生活经历使他广泛地了解到挣扎在饥饿线上的美国广大劳动群众的苦难。

伦敦回家以后，一边拼命干活，一边发愤读书。他同时阅读马克思和尼采的著作。1896年阿拉斯加发现金矿，成千上万人涌向克朗戴克河一带去淘金，他也去了。但是他得到的不是金矿，而是"坏血病"，他又回到旧金山。他决心不再出卖劳力，开始了文学创作的生涯。

他最初发表的是短篇小说，他称之为"北方故事"，描写普通淘金者在食物极端缺乏、天气极其寒冷的条件下同自然进行顽强的斗争。其中一篇《热爱生命》（1906）描写一个饿得快要死的病人如何通过没有人迹的荒凉雪地到一条大河的码头去。这篇作品受到列宁的赞赏。有些故事反映了资本主义自由竞争的残酷，如《黄金谷》（1906）。不少故事描写印第安人忠于友谊和爱情的高贵品质，控诉白人殖民者的掠夺，表现印第安人的反抗和斗争，如《老头子同盟》（1902）。这些故事题材新颖，富于传奇性，情节紧凑，笔力刚健，受到读者的欢迎。

1902年杰克·伦敦应邀去南非采访。当时南非波尔共和国正在展开反对英帝国主义的民族独立战争。他刚到伦敦，波尔战争结束。他决定留在伦敦观察工人阶级的生活状况。他打扮成流浪的美国水手，出没于伦敦东头的贫民窟、工人家庭和贫民收容所。他把调查的结果写成特写集《深渊中的人们》（1903）。在这个集子里作者用活生生的事实控诉了英国资产阶级对工人阶级的残酷剥削。在"结论"中他提出："文明有没有改善普通人的命运"？英国社会生产力大大提高，为什么"八百万贫民大军经常在饥饿边缘上挣扎"？原因就在于"政府的制度，所谓大不列颠帝国的政治机器"，"它衰败无力"，因此"必须重新组织社会"。

同年发表的《野性的呼喊》和后来的《白牙》（1906），是两部描写动物的小说。《野性的呼喊》描写一只体力出众的狗与狗群的斗争，它野

性未驯,在狼群的呼喊下,逃入莽林,变成了狼。《白牙》写的是一只狼变狗的故事。它在体贴周到的主人的训练下克服了野性,最后咬死主人的敌人,救了主人的命。这两部小说中动物的特征表现得非常具体、细致,深受读者欢迎。作者通过动物间的斗争反映了资本主义社会尔虞我诈、钩心斗角的冲突,但是在表现这种斗争时,作者流露出"生存竞争,适者生存"的思想倾向。

从19世纪90年代起,杰克·伦敦参加了社会党的活动,当过奥克兰社会党的候选人。他在《我如何变成社会党人》(1905)一文中说,他之所以相信社会主义,是因为"发现自己已经跌进社会的深渊,正在滑向屠宰场的底层"。1903-1907年间,他参加社会党活动最为活跃。当时社会党主要成分是知识分子,以宣传社会主义思想为主要活动,但脱离工人运动,对议会道路存有幻想。杰克·伦敦写了不少文章谴责资本主义制度,如论文集《阶级的战争》(1905)。他在创作上的主要贡献是写了政治幻想小说《铁蹄》(1908)。

《铁蹄》假托是一份在21世纪60年代发现的手稿——一个名叫爱薇丝·埃弗哈德的女人的回忆录。她的丈夫安纳斯特·埃弗哈德是小说的主人公。埃弗哈德家祖祖辈辈都是无产者,他从小做工,通过刻苦自学,掌握了丰富的知识,积极参加社会主义运动。"铁蹄"指"美国资本家的寡头政治",即资产阶级专政。当"铁蹄"镇压工人运动、工人举行武装起义时,埃弗哈德成了斗争的领导人之一。第一次起义失败后,"铁蹄"把他关进监狱,他在监狱里又准备第二次武装起义。小说到此结束。

这部小说不但描写了"铁蹄"如何培养工人贵族,破坏工人的团结,血腥地镇压工人的武装起义，也描写了革命派的内部斗争。一些人热衷于议会道路，主人公虽被工人推选为议员，但对此不抱幻想，强调必须要准备"机关枪"。可是他的意见没有被其他领导人采纳，以致革命失败。正是杰克·伦敦在《铁蹄》中提出的反对机会主义的思想使这本书成为美国第一部具有无产阶级性质的文学作品。但《铁蹄》也存在着严重的思想缺陷。作者在描写革命过程时，夸大个人的作用，把埃弗哈德写成"超人"，他们这些领导同群众没有联系，像是一伙无政府主义者，广大人民被描写成不会思考、没有觉悟的乌合之众。此外，作品在艺术描写上较为粗糙，形象不够丰满。

《马丁·伊登》（1909）是杰克·伦敦的代表作，前半部带有自传性，取材于他早年的经历和后来的成名过程，主要故事情节是虚构的。水手马丁·伊登由于偶然的机会撞进摩斯律师的家庭。这个资产阶级家庭的小姐罗丝喜欢这个精力充沛、才智过人的无产者；马丁·伊登觉得罗丝"纯洁"、"高尚"、有文化教养，也爱上了她。马丁·伊登对罗丝的爱情，激励他刻苦写作。他像杰克·伦敦开始写作时一样，一边打短工一边读书、写作，有时穷得吃不上饭。马丁写的稿子一次次被退回，但他并不气馁，继续奋斗。罗丝在父母的反对下，同马丁断绝了来往。马丁经过极大的努力终于成名。过去看不起他的人一个个都跑来拉拢他，罗丝哭哭啼啼跑来要求恢复关系，然而马丁爬上社会"顶峰"后，发现一切都是空虚的，他的精神垮了，以自杀结束了自己的生命。

1910年以后，杰克·伦敦发表过一些优秀的短篇小说。《一块牛排》（1911）以感人的形象表现了资产阶级社会老年运动员的凄凉晚景；《毛普

希的房子》（1911）控诉白人殖民者怎样剥削土人；《但勃斯之梦》（1913）幻想在美国总罢工时资产阶级怎样陷入惶恐不安的混乱状态。另外，《墨西哥》描写一个墨西哥青年黎佛拉为了支持祖国的革命事业，情愿牺牲自己的一切，千方百计提供资金。他击败了美国第一流的拳击手。黎佛拉坚毅的革命意志通过紧张的拳击比赛描写得很充分。小说还讽刺了美国社会的种族歧视和资产阶级新闻界阿谀逢迎的作风。《在甲板的天篷下面》描写一个漂亮的资产阶级小姐在船上玩腻了各种花样，一心要看一个当地孩子优美的入水姿势，船上的人告诫她说附近有鲨鱼，下海危险，她根本不听，把一枚金币扔到海里，坚持要那个孩子去捞取，那孩子为了这枚金币跳下海去，结果被鲨鱼咬成两段。表现出他对资产阶级人物的厌恶和蔑视。

继《马丁·伊登》之后，杰克·伦敦还有两部长篇小说值得注意。一部是《天大亮》（旧译《毒日头》），描写金融界的斗争；另一部是《月谷》，反映城市青年工人的生活，都具有一定的社会意义。但作者的结论却是逃避斗争，两部小说都以主人公达到个人幸福结束。1913年以后，杰克·伦敦的创作明显衰退，他成名后挥金如土，追求个人享受，不惜赶写质量粗糙、迎合读者的作品，而对社会斗争的兴趣日趋淡薄。1916年他正式声明退出社会党。杰克·伦敦作为一个进步作家生命已告结束。他终于因病债交迫、精神空虚而自杀。

## 杰克·伦敦轶事

1. 平方根。美国作家杰克·伦敦出名以后，有不少女子向他求爱。有一位贵族小姐在求爱信中写道："你有一个美丽的名誉，我有一个高贵的地位，这两者加起来，再乘上万能的黄金，足以使我们建立起一个天堂都不能比拟的美满家庭。"

杰克·伦敦在回信中写道："根据你列出的那道爱情公式，我看还要开平方才有意义。而我们两人的心就是它们的平方根；可是很遗憾，这个平方根开出来的却是负数。"

2. 杰克·伦敦的笨方法。在英国，有人对作家使用过的词组作过一个统计：萨克雷掌握的词汇只有5000个左右，拜伦、雪莱掌握的单词在8000个左右，而莎士比亚使用过的词汇竟达17000个之多。因此，莎士比亚剧本中的人物对话，总是多姿多彩，妙趣横生。要摄取大量词语，必须日积月累，持之以恒。

美国进步小说家杰克·伦敦积累词语下过一番笨功夫。他的房间里到处挂满了小纸片，写着从词典里、书里抄来的和从别人谈话中记下的各种各样的词语。窗帘上、衣架上、柜橱上、床帐上、镜子上到处都挂着这样

的纸片，为的是在屋子里干任何一件事甚至在刮脸、穿衣、睡觉前后都能随时看到、记诵。他还把纸片装在衣袋里，在出外参加音乐会、拜访亲友和散步时，常常拿出来看一看。这种方法虽然很"笨"，但他确实日积月累，掌握了丰富的词汇。

中外名人故事

## ◎埃林·彼林

埃林·彼林（1877—1949年），保加利亚著名作家，以写农村题材的中短篇小说著称。原名迪米特尔·伊万诺夫，从小受到进步文艺的影响。中学时加入"瓦西尔·列夫斯基"文艺小组，后辍学在故乡当教师。1902至1903年创办《乡村漫谈》杂志。曾担任《向日葵》等幽默杂志的编辑。第一次世界大战爆发后成为军事记者。1940年成为保加利亚科学院院士。1945年保加利亚解放后主要从事儿童文学创作和主编儿童刊物《九月儿童》。

埃林·彼林

埃林·彼林比较重要的作品有《短篇小说集》《我的烟灰》《在另一个世界里》《天灾》《未收的麦田》《罪行》《格拉克一家》《土地》《修道

院坡下的葡萄园》《我，你，他》《扬·比比扬历险记》《月亮上的扬·比比扬》等。其中最有影响的是《格拉克一家》，描写格拉克一家由尊长爱幼、勤劳和睦而分崩离析，反映了保加利亚农村在资本主义势力侵蚀下封建宗法制的解体，揭露了资本主义原始积累手段的野蛮和新生资产者的道德沦丧。

# 彼林作品选读

**扬·比比扬的泥巴脑袋（节选）**

从此，扬·比比扬和阿嘘形影不离了。可是小魔鬼渐渐对扬·比比扬不满起来。那就是扬·比比扬无论如何也忘不了自己的亲生父母。每天夜晚，他总要偷偷走到他自己家的破茅屋门口，留下一只大圆面包：这面包是他从面包房里偷来的。阿嘘把这些情况告诉了父亲。老嘘嘘卡拍拍儿子的肩膀，笑了笑说："必须把他那个发善心的脑袋换成别的！"

于是有一天，阿嘘建议说："到郊外林中草地去找孩子们玩。""好吧！"扬·比比扬心里正渴望着跟孩子们热热闹闹地做游戏，"可是你这可怕的嘴脸不会把他们吓跑吗？""我能变成小吉卜赛人。"刹那间，阿嘘变成了一个活泼伶俐的吉卜赛人，雪白的牙齿，蜷曲的头发，一双俏皮的小眼睛闪闪发光。"我太喜欢你了。"扬·比比扬惊叹地说。

  郊外有一大片绿色草地，经常有很多孩子到那儿去玩。附近住着一个做陶器的老大爷，名字叫戈尔奇兰，他为人温厚善良，鼻子上架着一副眼镜，身上系着一条沾满黏土的长围裙。老陶工能制作各种美丽的陶器：水罐、钵子、瓦盆……他把刚做好的毛坯放在作坊前晒干。孩子们往往为了寻开心，用石块去砸那些还没有干的坛坛罐罐，甚至用脚去踩。

  对这些捣蛋鬼，老陶工从不打骂他们，只是撵他们走，劝他们别这样。他贫穷、孤身一人，没有孩子，所以他特别喜欢别人家的孩子。那一天，老陶工刚好捏了一个泥人，放在太阳光下晒。泥人的身体和扬·比比扬一样高，双手插在口袋里，就像活的一样。老陶工给它取了个名字，叫卡尔乔。

  老陶工在院子里忙着烧窑，正好阿嘘和扬·比比扬溜达到草地这边来，他们在卡尔乔面前站住了。瞧那个泥孩子一动也不动地站着，神气十足，眼睛注视着远方，这不禁激起了扬·比比扬的反感。他走到卡尔乔跟前，使劲地拧了它一把，掰下了一块黏土，这一下使扬·比比扬感到高兴了。他折了一根刺花梨的枝条，一会儿捅捅卡尔乔的耳朵和腰部，一会儿又戳戳它的光腿……阿嘘在一旁笑得前俯后仰。

  扬·比比扬用一个手指去捅卡尔乔的肋骨，想挖出它的心脏。泥孩子痛得叫唤起来，决定向折磨它的人报复。"快逃！"阿嘘尖叫了一声，便拔腿跑了。扬·比比扬心里一害怕也跟着跑了。被惹得发火的卡尔乔用目光寻找着石块，但没有找到。于是，它拧下自己的泥巴脑袋，朝扬·比比扬扔去。

  这一掷太有力了！小捣蛋鬼的脑袋被打飞了。老魔鬼嘘嘘卡一直在旁

· 24 ·

边偷偷看着,他拾起卡尔乔的头,一下子把它安到扬·比比扬的脖子上。扬·比比扬和阿嘘还在奔跑,似乎什么事也没有发生。他们跑了好长一段路,躲进了稠密的柳树林。忽然,扬·比比扬惊奇地说:"阿嘘,我的脑袋怎么变得这样沉重……"

他向水洼弯下身去一看:天哪,卡尔乔的泥巴脑袋长到了他的肩膀上了。"我的脑袋呢?"扬·比比扬哭了起来,"阿嘘,帮我去找回我的脑袋!"小魔鬼搂着眼里流出泥水来的朋友,安慰他:"你换了这个脑袋,会感到很舒服,它不会胡思乱想。我们的日子会过得很平安,很愉快。很多人肩膀上都长着泥巴脑袋,但是他们并不在意。他们感到自己很走运。泥巴做的脑袋不会有痛苦,因为里面没有脑子。你应该高兴,从此以后就不会蓬头散发了,每次打架以后也再不会留下伤痕了……"扬·比比扬的泥巴脸上露出了笑容。

## ◎普列姆昌德

普列姆昌德（1880—1936年），印度著名作家，原名滕伯德·拉伊，在印度有小说之王的美誉。1880年7月31日生于北方邦贝拿勒斯附近的拉莫希村，卒于1936年10月8日。5岁开始在农村上旧式学堂，念波斯语和乌尔都语。19岁开始在公立学校教书，此后长期从事教育工作。1921年响应甘地的不合作运动而放弃公职，在贝拿勒斯一所私立学校任教。后专门从事文学创作，先后主编《时代》《荣誉》《甘美》《天鹅》和《觉醒》等杂志，创办智慧之神出版社。

普列姆昌德

普列姆昌德创作的著名作品有《圣地的奥秘》《祖国的痛楚》《服务院》《博爱新村》《圣洁的土地》《戈丹》《冬夜》《沙伦塔夫人》《解脱》《神庙》《害人是天职》《老婶娘》《咒语》《彩票》等。《服务院》是其成名作，被誉为印地语文学中第一部优秀现实主义小说，写一妇女因无陪嫁不能嫁到体面人家，后被丈夫遗弃沦为妓女，受尽歧视和欺凌，最后在服务院栖身。揭露了人与人之间的冷漠及上层人士的虚伪。

《戈丹》是普列姆昌的德代表作和最优秀的长篇小说，作者对甘地的"非暴力抵抗"，顺从地进监狱的思想，通过丹妮亚的口进行了批判。小说通过哲学教授梅达和女医生玛尔蒂小姐的议论，提出了"要来一个天翻地覆的变革"，建立一个新的社会制度，"贵族和富人都受到了惩罚，穷人都过上了好日子"。但他对达到理想社会的途径是不明确的。他认为要达到理想社会，"人们的品质"很重要，"只要我们个人不能提高，任何社会制度也不会繁荣"，甚至会成为"更糟糕的独裁"。被誉为印度农村的一部史诗。

## 印度小说之王

普列姆昌德是印度现代杰出的现实主义作家。他原名滕伯德·拉伊，出生在贝拿勒斯附近的拉莫希村。他开初用乌尔都文写作，后来用印地文写作。他一生勤勤恳恳，兢兢业业，为后人留下了12部长篇小说、250多篇短篇小说，以及散文、评论、剧本、电影故事、儿童文学等作品。

普列姆昌德一生饱尝艰难困苦。幼年，家里比较贫困，父亲是邮局小

职员，后来虽然升任局长，但薪金仍很微薄。他从小跟随父亲到处奔波，熟悉农村，接近农民。他八岁就死了母亲，后来受到继母虐待。15岁时，由继母做主，和一个既丑又怪的女人结了婚，婚后毫无幸福。不久，父亲去世，他不得不挑起全家生活的重担。后来，他不顾一些人的讥笑，毅然与一个寡妇结婚。后来，他生活更加拮据，甚至卖掉衣物和书籍勉强度日。

贫困的物质生活，难言的精神痛苦，磨炼了他顽强的战斗意志。他当过家庭教师、小学教员和督学，好不容易取得了文科学士的学位。他本来想取得硕士学位后，开业当律师，为穷苦百姓辩护，但这个梦想并未实现。最后他决定，以文学为武器，为受压迫、受剥削的人民大众伸张正义，为印度的独立和自由而斗争。1921年，他辞去了督学职务，献身于文学事业。

普列姆昌德先后办过《天鹅》和《觉醒》两个大型印地文学刊物，还开办了一个出版社，培养了大批青年作家。在生命的最后几年，他的创作达到高峰，写出了短篇杰作《裹尸布》和长篇代表作《戈丹》。1936年4月，他主持了全印进步作家协会第一次代表大会，并亲自参加起草大会宣言的工作。在他逝世前几周，听到高尔基去世的消息，他不顾自己生命垂危，写了追悼高尔基的悼词。由于积劳成疾，普列姆昌德不久也与世长辞了。

普列姆昌德长篇小说的代表作是《仁爱道院》《舞台》和《戈丹》等。《仁爱道院》（1921）反映了农民和地主的关系。书中的葛衍巽格尔是暴力、专制和卑鄙的象征，而他的兄弟普列马巽格尔则代表非暴力、仁爱

和崇高。书的末尾向我们展示出一幅"仁爱道院"的情景,农民得到了幸福和满足。

《舞台》(1927)是普列姆昌德最长的一部小说,它不仅反映了资本主义的兴衰,而且描绘了印度各个阶级生活的广阔画面。作者通过主人公苏尔达斯保卫自己土地和房屋的斗争,表现资本主义势力对印度乡村经济的冲击。作者通过主人公之口说:"生活是一个运动场,而每一个人是运动场上的运动员。"

《戈丹》(1936)被认为是20世纪初期印度农村生活的一面镜子。当时印度还处在英帝国主义统治之下,广大人民群众饥寒交迫,遭受着帝国主义、封建主义和资本主义的重重压迫。书中的主角何利是印度农民的一个典型,书中的柏拉里,也就是广大印度农村的一个缩影。何利受地主、高利贷者、祭司、警察的剥削和压迫,收获的粮食在打谷场上就给分光了。在封建礼教的影响下,何利千方百计地维护家族的"体面",但穷困使一切"体面"都丧失殆尽,最后连二女儿的陪嫁都拿不出,只得变相卖给一个老头儿做填房。何利在苦难中诞生,在苦难中死去,他的一生就是一个悲剧。

普列姆昌德初期的作品带有改良主义色彩,到后期,特别是在《戈丹》这部巨著中,他以犀利的笔触描绘了农民破产的情景,无情地揭露和鞭笞了城乡剥削者;他对被剥削、被压迫的劳动人民寄予无限的同情,使他们真正成为作品的主人公。在艺术上,他采用白描手法,富有农村生活气息,人物栩栩如生,具有强烈的艺术感染力量。像高尔基笔下的"母亲"在苏联,鲁迅笔下的"阿Q"在中国一样,《戈丹》中的何利,成为

印度、特别是印地语地区妇孺皆知的典型人物。

普列姆昌德奠定了印度印地语文学现实主义传统的基础，他的作品集中反映了殖民主义和封建势力压迫下的印度农村生活，描绘了20世纪初期人民反抗斗争的一幅幅生动的画面。

# ◎乔伊斯

詹姆斯·乔伊斯（1882—1941年），爱尔兰作家，诗人。1882年2月2日生于都柏林，1941年1月13日卒于瑞士苏黎世。1898年进入都柏林大学专攻哲学和语言，1904年偕女友诺拉私奔欧洲大陆，从此开始了长达一生的流亡生涯。晚年几乎完全失明，但对文学矢志不渝，终成巨匠。1941年1月13日凌晨去世。

乔伊斯的文学生涯始于1904年创作的短篇小说集《都柏林人》。

乔伊斯

在乔伊斯眼中，处于大英帝国和天主教会双重压迫下的爱尔兰是个不可救药的国家，而都柏林则是它"瘫痪的中心"，这个城市每时都上演着麻木、苦闷、沦落。

1904年开始创作长篇小说《青年艺术家画像》，主要描写都柏林青年

斯蒂芬试图摆脱妨碍他的家庭束缚、宗教传统，去追求艺术与美的真谛。长篇小说《尤利西斯》是描写平凡的小人物平凡一天的记录，书中将象征主义与自然主义铸于一炉，借用古希腊史诗《奥德修纪》的框架，把布卢姆一天18小时在都柏林的游荡比作希腊史诗英雄尤利西斯10年的海上漂泊。小说把人物的全部历史、全部精神生活和内心世界表现得淋漓尽致。

长篇小说《芬尼根守夜人》，以都柏林近郊一家酒店老板的潜意识和梦幻为线索，是一部用梦幻的语言写成的梦幻作品。还著有诗集《室内乐集》和剧本《流亡者》。表现出对人类精神世界特殊的感悟及对宗教习俗的叛逆。乔伊斯在作品中所表现出来的对民族对国家的热爱，深深感动着爱尔兰人民，他们把《尤利西斯》主人公布卢姆一天全部活动的6月16日定为"布卢姆日"。

乔伊斯的"意识流"思想对全世界产生了巨大的影响。"意识流"最早是由美国哲学家兼心理学家威廉·詹姆斯提出来的，随后便被借用到了文学领域。乔伊斯的长篇小说《尤利西斯》就是意识流作品的代表作，是20世纪最伟大的小说之一。

## "意识流"小说家

詹姆斯·乔伊斯是现代英国著名的资产阶级颓废小说家。他所开创的

以描写人物意识流动状态为特色的"意识流"小说在当代欧洲文学中有相当大的影响。他的作品对现代爱尔兰社会中庸俗腐朽的一面有比较深刻的暴露,但他所宣扬的个人主义、虚无主义观点,以及他对人类历史的严重歪曲则是极其错误和有害的。

乔伊斯出生于都柏林的一个资产阶级家庭,从1904年起就离开本土,到欧洲各地过流亡生涯,当过银行职员和教师。他的第一部短篇小说集《都柏林人》(1914)采用现实主义小说的方法,描绘城市下层居民的日常生活,还是比较优秀的作品。《青年艺术家画像》(1916)是一部自传体小说,通过青年艺术家斯蒂文·达德路斯的意识银幕,反映出乔伊斯本人对爱尔兰社会的蔑视和不满;作为艺术家,他不断宣扬"孤独"和"自我表现",认为"孤独是艺术精炼的首要原则",吹嘘"流亡就是我的美学",极力强调摆脱一切影响,不管它的名称是家庭、教会或祖国。作者还通过这个人物提出了一整套颓废的美学理论。乔伊斯在这里开始用内心独白的方式表达人物的思想感情,外在的世界只是通过在主人公的意识屏幕上的映像才反映出来,而不像现实主义小说家那样直接地对环境和人物加以描绘或说明。

这种新的创作方法在著名小说《尤利西斯》(1922)中有了进一步的发展,更加着重描述人物的下意识活动。小说描写都柏林三个居民——艺术家达德路斯、一家报馆的广告业务承揽员布罗姆及其妻子毛莱——在1904年6月16日早晨8点到夜间2点40分,将近19个小时内的经历。乔伊斯用象征主义和自然主义相混合的手法,把这三个人物的活动细节构成一幅复杂的、万花筒式的图画。

达德路斯的虚无主义、布罗姆的庸人主义和厚颜无耻、毛莱的肉欲主义都得到了淋漓尽致的表现。通过这些描写，作者一方面暴露了现代资产阶级文明的不可救药，另一方面却又把它比作人类全部文明的缩影，不加区别地全盘否定了人类历史的进程。他把懦弱无能、庸俗卑劣的布罗姆比作古希腊英雄尤利西斯的现代版，把他混过一天的无聊生活比作现代人的"奥德赛"。这部小说在思想倾向上的腐朽性质就表现在作者不仅把布罗姆和毛莱当作现代资产者来写，而且当做永恒的男性和女性来影射，从而否定了全人类。作者在采用内心独白的写法时，摒弃了标点符号，用声音来表现印象，并引进了奇特的新词、双关语和外来语，使一般读者难以理解。

乔伊斯最后一部小说《芬尼根守夜人》（1939）也是一部歪曲社会发展史的梦幻文学。小说描写老芬内根垂危时的一场噩梦，他看到爱尔兰和全世界的历史从他的头脑中流过去。梦里的主要内容有两部分：首先是关于人类由于原罪而堕落的故事。小说描写伊尔威格（全人类的代表）在凤凰公园（即伊甸园）曾经对两个女子做了一些不体面的动作，因而遭到审讯。作者故意把历史上的许多人物和事件与这一案件交混起来，把审讯者和被告混淆起来，暗示这个原罪的普遍的重复的性质，暗示犯罪者是古往今来的全体人类。

小说接着写伊尔威格做起关于未来的梦来，以桑恩弟兄的斗争开始，以伊尔威格的夫妇生活结束，暗示人类历史的动力是自相残杀的战争和繁延种族的情欲。在作者看来，情欲创造人，战争消灭人，它们形成循环，这就是人类的历史。这是一种以原罪为根源，以情欲和战争为表现形式的

反动的历史循环论。为了适应这个主题,作者在写法上也采取了循环的方式,小说开篇的第一个字与终篇的最后一个字恰好把有关的两段文字连成一句,暗示整个作品也是一个循环体。对于语言的破坏,真是到了不可思议的程度。"雷击"一词是用100个字母拼写而成的,借以象征隆隆不绝之声。十八种语言纷然杂陈,不断进行自由组合。乔伊斯认为这是用梦幻的语言写梦幻的文学,非如此不足以表达他的噩梦。

乔伊斯的创作实践有典型的时代意义。他笔下的艺术家与资本主义社会处于不可调和的对立之中,他憎恶现代商业文明的庸俗卑劣、现代资产者的虚伪腐朽,但又找不到出路,只能以个人主义、虚无主义的说教来作为回答,以否定全体人类、歪曲社会历史的谬论作为归宿。这样做的结果,在暴露现代资本主义社会某些阴暗面的同时,又用荒谬的原罪说和唯心的历史循环论掩盖了资本主义制度的真正病根,起了维护那个制度的作用。

# ◎卡夫卡

费兰兹·卡夫卡（1883—1924年），奥地利作家。1883年7月3日出生于奥匈帝国统治下的布拉格，犹太血统。由于父亲专横、严厉，致使卡夫卡性格内向而怯懦。他自幼爱好文学和哲学，中学即开始接触斯宾诺莎、达尔文、尼采的著作和易卜生的戏剧。1906年大学毕业后获得法学博士学位。1909年至1912年，几次到欧洲各地游览，并开始研究中国的老庄哲学。

第一次世界大战期间，卡夫卡憎恶帝国主义战争，认为人类生活在一个崩溃、困惑的世界里。面对病态的世界，内心极为痛苦，一直处于压抑、孤独、痛苦之中。卡夫卡是个勤奋的作家，代表性的著作有《美国》《审判》《美国》《变形记》《判决》《饥饿艺术家》《洞穴》《城堡》。

卡夫卡

这位生前寂寞的作家在西方文坛上引起了巨大的反响和高度的评价。特别是20世纪60年代以后，卡夫卡热遍及欧美。

卡夫卡文笔明净，想象奇诡，常采用寓言体。美国当代作家欧茨推崇卡夫卡为"20世纪最佳作家之一，时至今日，业已成为传奇英雄和圣徒式的人物"。卡夫卡曾说：生的快乐不是生命本身的，而是我们向更高生活境界上升前的恐惧；生的痛苦不是生命本身的，而是那种恐惧引起的我们的自我折磨。1924年卡夫卡病逝于维也纳。

## 卡夫卡忆童年

我听见马车隆隆地驶过花园篱笆，有时我甚至看到它们穿过那些轻柔摆动着的簌叶缝隙。炎热的夏日，木制的轮辐和车辕叽叽嘎嘎地叫得分外响，从地里干活归来的人们扬起的阵阵笑声，使得马车的叽嘎声听起来越发叫人心烦。我坐在我的小秋千上，在我爹妈的花园里的林间休息。

在篱笆的另一边，来往的行人车辆络绎不绝。孩子们奔跑着的脚丫飞快地一闪而过；收割马车满载着高高的庄稼捆垛，男人和女人们坐在上面以及四周，马车驶过时，轧坏了花坛；近黄昏，我看见一位绅士拿着手杖在慢慢散步，有两个少女迎面与他相遇，她俩向他致意，臂挽着臂，退进了路旁的草地。

这时，鸟儿像阵雨般地漫天飞起，我用目光追逐着它们，看它们一口气飞起多高，直到我觉得并非它们向上高飞，而是我在降落，于是纯粹出于怯弱，我紧紧抓住秋千绳索，开始轻轻悠荡。不久我便更加用力地悠荡起来，此时微风拂来，颇觉凉意。鸟儿归巢，颤抖的繁星出现了。

我在烛光旁吃着晚餐。当我吃着黄油面包，双臂常常搁放在桌上，我已经很疲乏了。晚风将粗糙的网眼窗帘吹得鼓胀起来，有许多次，窗外某个过路人会用双手把它们扯住，好像他想更好地看到我，跟我说话。通常，蜡烛立刻给吹熄了，在煤黑色的烛烟中，蚊子聚集着，长久地绕圈飞舞。如果有谁从窗口问我一个问题，我便会目不转睛地望着他，仿佛凝视一座远山或者一片空地，而他也并不特别在意自己是否得到了回答。但如果有人翻过窗台来，说别人已经在等候我了，我便发出一声叹息，站起身来。

"你为什么叹气？出了什么岔子？发生了什么难以挽回的祸事？我们再也无法补救了吗？一切都完了吗？"一切都是好好的。我们跑到了房子前面。"谢天谢地，你总算来了！"——"你总是迟到！"——"为什么仅仅是我？"——"尤其是你，如果你不想来，你为什么不待在家里？"——"不能原谅？这是怎么说的呢？"

我们一头扎进暮色里。不分什么昼与夜。我们背心的纽扣仿佛牙齿一样在上下撞击，毕剥作响。我们奔跑的时候，彼此间还要保持固定不变的距离。我们像热带的野兽一样吐着热气，又像古战场上身穿甲胄的骑兵那样踏着脚，高高地跳跃起来，我们沿着短短的小巷彼此追逐，凭借两只脚的冲力，一直奔跑上了大道。离群的几个人跌进了那条壕沟，他们刚一消

·38·

失在阴暗的陡坡，就像个新来的人一样站到了高处的田野小径上向下观望。

"下来嘛！"——"先上来吧！"——"这样，你们就能够把我们推下来，不了，谢谢你，我们可不那么傻。"——"你们害怕了，你的意思是说，上来吧，你们这些胆小鬼！"——"害怕？害怕像你们这样的人？你们打算把我们推下去，是吗？那倒是个好主意。"我们打定主意让人推下去，倒栽葱地跌进路旁壕沟的草丛里，尽情地翻着筋斗。一切对于我们，都是暖烘烘的，在草丛中，我们既感觉不到燥热，也感觉不到凉爽，只是感到疲乏。

向右侧翻过身，一只手枕在耳朵下面，人很快便会躺在那里睡着了。但是，他想要抬起下巴再爬起身来，却滚进了一个更深的壕沟。于是，他横伸出一只胳臂，向斜侧蹬动着双腿，想再一跃而起，却肯定会跌入一个更深的壕沟。而这个人绝不想就此罢休。难道不可以将四肢摊开，特别是把膝盖伸平，在最后这个壕沟里好好睡他一觉，这个问题简直想都没想过，他就像个病人似的仰面躺着，有点儿想哭。时而有个小伙子两肘紧贴双肋，从陡坡向大路上纵身一跃，那黑糊糊的脚底从他头顶上掠过，他便眨一下眼睛。

月亮已经开始升上天空了，月光下面有一辆邮车驶过。微风开始四处吹拂，甚至在这条壕沟里，人都会感觉得到，附近的树林开始沙沙作响。这时，人也不再希望一个人呆着了。"你们在哪儿呢？""上这儿来吧！""大家一起来！""你为什么要躲藏起来，别胡闹了！""你不知道邮车已经过去了吗？""不知道，已经过去了吗？""当然，你睡着时候，它就过去

了。""我并没睡着。你怎么这么想?""哦,别说了,你现在还迷迷糊糊呢。""我可没有睡着。""跟我来吧,快点!"

我们紧紧靠拢在一起,向前奔跑着,许多人手挽手,因为现在是下坡路,人的头无法高昂起来,有人高声呐喊起印第安人的作战口号,我们的双腿以过去从未有过的速度狂奔,我们跳跃时,风儿托着我们的屁股。什么也不能阻止我们;我们开足马力,大步飞跑,以致我们追上了别人,甚至还能够抱着双臂,闲适地打量我们的周围。

我们终于在横跨小溪的桥边停住了脚步;那些跑过桥的人又跑了回来。底下的流水哗哗地拍打着溪石和树根,仿佛还不是暮色已深的时分。我们中间谁都没有理由不该跳到桥栏杆上去。自远处丛林后面,有一列火车驶过,所有的车厢都亮着灯,窗玻璃当然都放了下来。我们中间一个人开始唱起轮唱曲,可我们大家全都想唱。我们唱得比列车行进还要快,因为我们的声音不够响亮,我们便挥动起手臂,我们的歌声相互冲撞地拥挤在一起,有如雪崩的轰鸣,这对我们是很有益的。一个人加入大家一起唱时,就像受到鱼钩的引诱一样。

我们就这样唱着,身后就是丛林,唱给远处的旅客们听。林里大人们还没有睡,母亲们为夜晚的来临整理着床铺。我们的时间到了,我亲了亲身旁的一个人,把双手伸给最后的三个人,开始跑回家去,没有人喊我回来。在他们再也看不到我的第一个十字路口,我拐向旁边,沿着田间小径又跑进了丛林。我正向南边那座城市走去,我们村里有人这样讲起过:"你在那里会发现一些怪人!想想吧,他们从来不睡觉!""为什么不睡觉呢?""因为他们从来不疲倦。""为什么不疲倦呢?""因为他们是傻子。"

## "地洞"般的性格

很少有作家像卡夫卡那样性格内向和甘愿自我封闭。他在世上只活了41岁。他用短短的生命创造了一种纯粹意义上的个人写作的模式。他建筑了一个纯属个人的、极端孤独和封闭的城堡或地洞。有人把他笔下人物的那种本真的生存状态视为整个20世纪人类的生存状态的象征,不无道理。

卡夫卡在写给他的第一个未婚妻的书信里,曾为自己设想过:"我最理想的生活方式是带着纸笔和一盏灯待在一个宽敞的、闭门杜户的地窖最里面的一间里。饭由人送来,放在离我这间最远的、地窖的第一道门后。穿着睡衣,穿过地窖所有的房间去取饭将是我唯一的散步。然后我又回到我的桌边,深思着细嚼慢咽,紧接着马上又开始写作。那样我将写出什么样的作品啊!我将会从怎样的深处把它挖掘出来啊!"

这不能不使我们想到他的一部短篇小说《地洞》。那个蜷缩在自己营造起来的、封闭式的地洞里,异常灵敏、时时警惕着外界的入侵者的小动物,不正是作家自己的象征?卡夫卡的遗嘱里曾有这么一项:他要求与他有着22年深厚的友情的挚友马克斯·勃罗德,在他死后,将他的日记本、手稿、来往书信、各种草稿等等,"请勿阅读并一点不剩地全部予以焚毁"。不仅如此,在他生前,他就亲手烧掉过10个大的四开练习本——他

的很重要的一些文学手稿。

他这些举动，当然不能简单地解释为仅仅是他对自己的作品的质量要求严格。不，实际，这同样显示了卡夫卡与世俗化的外部世界相对抗，从而维护自己的内在生活方式的选择。他渴望，他是他自己营造的地洞的唯一的主人，而换了任何一个外人，他都是不欢迎的。怎样来理解卡夫卡呢？如何来理解卡夫卡的"地洞"呢？对我来说，卡夫卡永远是一个谜。"卡夫卡"的这个名字本身，就是郁闷、抑郁、沉重的象征。

卡夫卡的长篇小说《美国》和《洞穴》等揭示的是人类现实生活中的困境和困惑感；而《审判》《在流放地》以及《万里长城建造时》则揭示了现代国家机器的残酷和其中的腐朽。长篇小说《城堡》可以说是《审判》的延续，不仅主人公的遭遇继续下去，主要精髓也是一脉相承。短篇小说《万里长城建造时》中写到：中国老百姓被驱赶去建造并无多大实用价值的长城，他们连哪个皇帝当朝都不知道，许多年前的战役他们刚刚得知，仿佛是新闻一般奔走相告。"皇帝身边云集着一批能干而来历不明的宫廷大臣，他们以侍从和友人的身份掩盖着艰险的用心。""那些皇妃们糜烂无度，与奸刁的宫廷大臣们勾勾搭搭，野心勃勃，贪得无厌，纵欲恣肆，恶德暴行就像家常便饭。"他还写出了表现民主主义思想的一句话："在我看来，恰恰是有关帝国的问题应该去问一问老百姓，因为他们才是帝国的最后支柱呢。"

## 荒诞派鼻祖

美国诗人奥登认为:"他与我们时代的关系最近似但丁、莎士比亚、歌德与他们时代的关系。"卡夫卡的小说揭示了一种荒诞的充满非理性色彩的景象,个人式的、忧郁的、孤独的情绪,运用的是象征式的手法。后世的许多现代主义文学流派如"荒诞派戏剧"、法国的"新小说"等都把卡夫卡奉为自己的鼻祖。

卡夫卡出生于布拉格的一个犹太商人家庭。父亲艰苦创业成功,形成粗暴、刚愎的性格,从小对卡夫卡实行"专横有如暴君"的家长式管教。卡夫卡一方面自幼十分崇拜、敬畏父亲,另一方面,一生都生活在强大的"父亲的阴影中"。母亲气质抑郁、多愁善感。这些对后来形成卡夫卡孤僻忧郁、内向悲观的性格具有重要影响。卡夫卡小学至中学在德语学校读书,后学会捷克语,自幼酷爱文学。1901年进入布拉格大学学习德国文学,不久迫于父亲之命改修法律,1906年获法学博士学位。

卡夫卡中学时代就对法国自然主义文学,对斯宾诺莎、尼采、达尔文等产生极大兴趣。大学时代,接受了存在主义先驱、丹麦哲学家基尔凯戈尔的思想并受到中国老庄哲学的影响。在爱好文学的同学马克斯·勃罗德的鼓舞和支持下,开始文学创作。并与布拉格的作家来往,参加一些社交活动。写成了他后来发表的首篇短篇小说《一场战斗纪实》(1904)。在法院实习一年，在"通用保险公司"当见习助理后，1908年到工伤事故保险公司任职。1921年卡夫卡肺结核复发，咳血。1922年6月辞职。养病期间除继续创作外，游历欧洲各地。1924年因肺病恶化，医治无效，于同年6月3日病逝于维也纳近郊的基尔灵疗养院。

卡夫卡一生都生活在强暴的父亲的阴影之下，生活在一个陌生的世界里，形成了孤独忧郁的性格。他害怕生活，害怕与人交往，甚至害怕结婚成家，曾先后三次解除婚约。德国文艺批评家龚特尔·安德尔这样评价卡夫卡："作为犹太人，他在基督徒中不是自己人。作为不入帮会的犹太人，他在犹太人中不是自己人。作为说德语的人，他不完全属于奥地利人。作为劳动保险公司的职员，他不完全属于资产者。作为资产者的儿子，他又不完全属于劳动者，因为他把精力花在家庭方面。而'在自己的家庭里，我比陌生人还要陌生'"安德尔十分准确而形象地概括了卡夫卡没有社会地位、没有人生归宿、没有生存空间的生活环境，同时也是对形成卡夫卡内向、孤独、忧郁与不幸人生的较为完整公允的阐述。

卡夫卡创作勤奋，但并不以发表、成名为目的。工作之余的创作是他寄托思想感情和排遣忧郁苦闷的手段。许多作品随意写来，并无结尾，他对自己的作品也多为不满，临终前让挚友布洛德全部烧毁其作品。布洛德出于友谊与崇敬之情，违背了卡夫卡遗愿（按照博尔赫斯的说法，他是有意将自己的文章留给后人的），整理出版了《卡夫卡全集》共九卷。其中八卷中的作品是首次刊出，引起文坛轰动。

由此而培养的敏感、怯懦的性格和孤僻、忧郁的气质使卡夫卡其人其书成为那个时代资本主义社会的精神写照：异化现象，难以排遣的孤独和危机感，无法克服的荒诞和恐惧。卡夫卡的《变形记》中，由于沉重的肉体和精神上的压迫，使人失去了自己的本质，异化为非人。它描述了人与人之间的这种孤独感与陌生感，即人与人之间，竞争激化、感情淡化、关系恶化，也就是说这种关系既荒谬又难以沟通。推销员一觉醒来发现自己变成甲虫，尽管它还有人的情感与心理，但虫的外形是他逐渐化为异类，变形后被世界遗弃使他的心境极度悲凉。三次努力试图与亲人以及外界交流失败后，等待他的只有死亡。由此看来他的变形折射了西方人当时真实的生存状态。卡夫卡通过小说并不只是单纯阐述事实，而是控诉这个世界，追寻人类人性的完善。

另一部短篇小说《饥饿艺术家》描述了经理把绝食表演者关在铁笼内进行表演，时间长达40天。表演结束时，绝食者已经骨瘦如柴，不能支持。后来他被一个马戏团聘去，把关他的笼子放在离兽场很近的道口，为的是游客去看野兽时能顺便看到他。可是人们忘了更换记日牌，绝食者无限期地绝食下去，终于饿死。这里的饥饿艺术家实际上已经异化为动物了。

另外一些小说是揭示现实世界的荒诞与非理性的，如《判决》和名篇《乡村医生》，这里，现实和非现实的因素交织，透过这些荒诞的细节和神秘的迷雾，这里寓意着：人类患了十分严重的病，已经使肌体无可救药。人类社会的一些病症是医生医治不了的，这里的医生最后也变成了流浪者。

中外名人故事

# ◎阿·托尔斯泰

阿·托尔斯泰

阿列克赛·尼古拉耶维奇·托尔斯泰（1883—1945年），著名苏联作家，是一个批判现实主义者，最后成为苏联社会主义文学的优秀代表。1882年12月29日生于萨马拉一贵族家庭。1901年入彼得堡工学院，后中途离校，在象征主义影响下开始文学创作。第一本诗集《抒情诗》，自认是"颓废派"作品。第二本诗集《蓝色河流后面》和童话集《喜鹊的故事》，继承了俄罗斯民间文学和现实主义的传统。短篇小说集《伏尔加河左岸》，长篇小说《怪人》和《跛老爷》，都描写俄罗斯贵族地主的经济破产和精神堕落。

第一次世界大战爆发后，他以战地记者身份上前线，写了一些有关战争的随笔，如《途中寄语》《美丽的夫人》《燕子》《魔鬼》《苦命的花》，表明他的思想感情开始接近人民。1918年侨居巴黎和柏林，写了自传体小说《尼基塔的童年》。1922年与白俄决裂，次年返回莫斯科。先后完成了《粮食》《伊凡雷帝》《彼得大帝》。卫国战争期间写有政论集《祖国》、历史剧《伊凡雷帝》等。

《苦难的历程》是阿·托尔斯泰的代表作，包括《两姐妹》《一九一八年》《阴暗的早晨》。小说书名取自俄国古经《圣母的苦难的历程》，通过经历彷徨、苦闷、探索、追求，最后走向革命的苦难历程，揭示了知识分子只有与苏维埃俄罗斯相结合才会有出路和幸福的真理。

## 阿·托尔斯泰

阿·托尔斯泰生于贵族家庭，父亲是伯爵。母亲是作家，培养了他对文学的兴趣。他是在伏尔加河畔继父的庄园中长大的。那一时期的生活后来多次反映在他的作品中。1901年进彼得堡工学院，未毕业就开始了写作生涯。他的第一个诗集《抒情集》（1907）有明显的象征主义的影响。第二个诗集《蓝色河流后面》（1909）与童话集《喜鹊的故事》（1910）反映他转向俄罗斯民间文学和现实主义的探索。在以《伏尔加河左岸》为主的一组短篇小说和长篇小说《怪人》《跛老爷》中，阿·托尔斯泰确定了

现实主义立场,"以严酷的真实手法描写了当代贵族的精神堕落和经济瓦解"。

但作者没有把贵族庄园生活理想化或以哀伤的情调描写它的衰落,而是嘲讽地揭露骄横、淫荡、心理变态、道德腐败的贵族老爷。在《跛老爷》中,还出现了平民知识分子的形象以及他感受到的苦难的俄国农村的情景。但人民的主题在他的作品中还极为薄弱。随后,阿·托尔斯泰尝试着写以现代生活为题材的作品,但不成功。他自己分析这是由于他"没有看到祖国和人民的真正的生活"。

第一次世界大战期间,阿·托尔斯泰以战地记者身份到过前线,写了一些特写、小说和戏剧,歌颂勇敢无私的普通人,批判与人民对立的、空虚自私的资产阶知识分子及其颓废主义的文化。阿·托尔斯泰热情地迎接了二月革命,但他的阶级立场和唯心主义的世界观使他看不到推动历史发展的人民的力量,不了解十月革命的实质和意义,终于于1918年秋离开了祖国。在国外,阿·托尔斯泰饱尝了作一个离弃祖国的流亡者的滋味。他认为这段生活是他"一生中最痛苦的时期"。革命初期和流亡时期的创作反映了他当时复杂的心情。一些作品流露了他对革命不理解,但也知道旧生活不可复返的迷惘情绪;另一些作品暴露了白色流亡分子的空虚生活。流亡生活和丑恶的资本主义现实,使阿·托尔斯泰的思想与创作陷入了危机。

随着对祖国的怀念的加深,阿·托尔斯泰接近了他误认为对苏维埃政权表示承认的"路标转换派",这对于他是返回祖国的一种过渡。1922年与高尔基的友谊促使他重新估价自己对苏维埃祖国的态度,并对欧洲资产

阶级世界及白色流亡分子产生反感。1923年春他回到了祖国。祖国和人民是阿·托尔斯泰创作的源泉。从此,他的艺术生命开始了新的阶段。20年代后期,他的主要作品有揭露资本主义世界的《不幸的礼拜五》《海市蜃楼》;科学幻想小说《五人同盟》《加林工程师的双曲线体》;批判流亡分子的《聂夫左洛夫的行径或伊毕库斯》《蔚蓝的城》和《蝮蛇》。

30年代,阿·托尔斯泰写了大量揭露西方资本主义危机的政论文章,积极参加了许多社会活动,被选为科学院院士,并曾任苏联第一届最高苏维埃代表。到卫国战争以前,阿·托尔斯泰用了二十余年的心血创作了两部荣获斯大林奖金的社会主义现实主义的作品:三部曲《苦难的历程》和历史小说《彼得大帝》。

《苦难的历程》概括了从第一次世界大战前夕至1920年的历史时期,是一部关于十月革命和国内战争的史诗。作者描写了资产阶级知识分子中四个优秀的代表人物——达莎、卡嘉两姐妹及她们的恋人捷列金、罗欣,通过他们在动荡的年代各自经过曲折复杂的道路最后走向社会主义的过程,表明了他对祖国和人民的命运多年思考的结果:知识分子只有在人民革命斗争中才能找到自己的位置;只有献身祖国才有可能获得信念和真正的幸福。

小说除主要人物外,还描写了优秀的布尔什维克戈拉和楚盖的形象以及斗争的人民群众的形象,也描绘了人民的敌人——白匪军官、无政府主义者、托洛茨基分子、叛徒以及旧世界形形色色的人物如颓废派诗人、艺术家、律师等的肖像。阿·托尔斯泰善于结合波澜壮阔的历史事件展示人物的心理状态和性格发展。惊心动魄的斗争场面和表现爱情、欢乐、痛

苦、探索的情景交错出现，而主人公在斗争洪流中逐渐接近真理变成新人的线索始终异常清晰。在描写时代特征上作者也有特长。战前彼得堡纸醉金迷的生活，革命风暴中知识分子的困惑、彷徨和分化、年轻的苏维埃国家在内外敌人包围中的危急情况等情景使读者能感受到时代和环境的气氛。

被高尔基称为最优秀的历史小说的《彼得大帝》仍以祖国与人民的命运为主题。阿·托尔斯泰转向历史题材是为了更好地理解人民今天的伟大。作者极力从祖国历史发展的重要转折点——改革的时代中表现出坚强的俄罗斯性格的形成。小说中人民被描写为历史发展的动力，彼得的改革只有通过勤劳、智慧、刚毅的人民的创造性劳动才得以实现。彼得则被描写为一个变落后的俄罗斯为强大的国家的有政治远见的伟大改革家。他的形象以及他所统治的时代是在新与旧的斗争中展现出来的。作品从多方面刻画了他复杂的性格，突出了他为国家利益能够不拘一格提拔人才的气魄，同时揭露出他的统治，包括他给民族带来利益的改革，终究是以奴役人民为基础的；另外，也批判地描写了他对西方的盲目崇拜。

卫国战争期间阿·托尔斯泰满怀必胜的信心写了大量揭露法西斯主义、鼓舞人民斗志的政论文。《伊凡·苏达列夫讲的故事》歌颂了苏联人民的爱国主义。其中描写人民的英勇气概和崇高品德的《俄罗斯性格》是中国读者熟悉和喜爱的一个短篇。历史戏剧小说《伊凡雷帝》于1946获斯大林奖金。阿·托尔斯泰曾荣获列宁勋章和其他勋章、奖章，他曾说过："我作为一个艺术家的一切是十月革命给我的。"这是他对自己创作道路的中肯的总结。

·50·

# 《苦难的历程》故事梗概

在俄国文学史上，继列夫·托尔斯泰之后，又有一个阿·托尔斯泰。前者，人们习惯地称他为老托尔斯泰；后者人们称他为小托尔斯泰。老托尔斯泰写有《战争与和平》《安娜·卡列尼娜》《复活》三部誉满世界的文学巨著，被列宁称为俄国社会的一面镜子；小托尔斯泰写有《两姐妹》《一九一八年》《阴暗的早晨》，统称为《苦难的历程》，被称为苏联人民的英雄史诗。

《苦难的历程》是阿·托尔斯泰的长篇三部曲。第一部《两姐妹》写的是1914年冬到1917年十月革命前夜这一阶段俄罗斯知识分子的家庭生活和爱情生活。第二部《一九一八年》写的是1918年俄罗斯人民在布尔什维克党的正确领导下，经受了严重的考验，在各条战线上取得了巨大的胜利，沉重地打击了武装干涉者以及白俄分子企图扼杀年轻的苏维埃政权的最初阴谋。第三部《阴暗的早晨》描写了从1918年底到1920年底为止人民群众叱咤风云的伟大历史活动，表现了俄罗斯人民为反对白匪所进行的英勇斗争。作者突出描写了红军的成长和壮大，鲜明地刻画了布尔什维克的光辉形象、高贵品质以及人民的力量。最后，在充满着乐观气氛的社会主义建设的前景中结束全书。

《苦难的历程》实际上是作者的良心所经受的一段痛苦、希望、喜悦、失望、颓丧和振奋的历程，是对于整整一个巨大时代的感受。这个时代从第一次世界大战的初期开始，直到第二次世界大战的初期才告结束。不仅如此，小说中的主人公们也都经历了丧失祖国到返回祖国这一苦难的历程，先后走向革命而成为新生活的积极建设者。小说成功地塑造了四个主人公：卡嘉、达莎、卡嘉的丈夫斯摩珂甫尼考夫和达莎的丈夫捷列金。这四个主人公在不同的生活道路上经受锻炼，各人有着自己的追求和迷误、痛苦和欢乐。

《苦难的历程》中的主人公们走过了充满荆棘的道路，经受了时代风雨的考验，脱胎而成为俄国知识分子中的第一代新人。阿·托尔斯泰在《苦难的历程》第二部卷首题词里写道："在清水里泡三次，在血水里浴三次，在碱水里煮三次，我们就会纯净得不能再纯净了。"这是作者的自我鉴定。他当过前线战地记者，"看到了真正的人生"；在国外，他饱尝了作一个离弃祖国的流亡者的滋味。他认为这段生活是他"一生中最痛苦的时期"。在纷飞战火中，他惊叹乌克兰、伏尔加河沿岸等地人民对帝国主义干涉者、白匪所作的可歌可泣的抗争事迹。在革命最艰难的日子里，他感受到了党领导的气贯山河的斗争。所有这些，痛苦、希望、喜悦、失望、颓丧和振奋，使他悟出了一条真理：作为作者，在风云变幻、新旧交替的大转变时期，唯有投入时代的激流，经受"清水泡""血水浴""碱水煮"的洗礼，才能写出无愧于时代的伟大作品。在《苦难的历程》结尾，罗欣发出要把祖国"改造成为一个美好的世界"的誓言，可以说是作者为之苦苦求索的对于生活意义的总结。

卡嘉的丈夫斯摩珂甫尼考夫是个自由主义的律师，他们之间并没有真正的爱情，卡嘉痛切地感到生活的空虚和无望。当时彼得堡知识界的一批文人骚客经常麇集在他们家里高谈阔论，自命风雅。卡嘉深陷在这种追求新奇和刺激的生活之中无力挣脱："一切都仿佛苍白、褪色、半死不活，而她自己活像一个幽灵，在大家久已委弃的生活中飘荡。"她曾一度爱上颓废诗人贝索诺夫，却发现他也只不过是一个沉湎酒色、徒以蛊惑人心的言词装点苍白灵魂的庸人，因而为自己的轻率失身而无限悔恨，对自己的未来生活感到一片黑暗。

克伦斯基上台后，当上了议员的斯摩珂甫尼考夫在军队中鼓吹帝国主义战争，被起义的士兵打死，卡嘉在孤寂绝望中得到了军官罗欣的爱，在与罗欣的结合中梦想找到身心的归宿。后来，贵族出身的罗欣投向白军，卡嘉再度失去了自己的安乐窝，到处漂泊，被卷进了马赫诺匪帮。但匪徒们的抢掠烧杀和草原农民的质朴坚强，给卡嘉上了一堂真实生动的课。她历尽坎坷，探寻未来，终于找到了苏维埃政权，被委派当了教师，回到莫斯科，开始了她的新生活。在教育工作实践中，她看到了苏维埃祖国的美好未来，卡嘉终于成长为一个革命的知识分子。也正是这个时候，她与爱人在新生活的道路上重逢了。思想感情的一致，个人幸福与革命理想的相互融合，使卡嘉找到了真正的幸福。

达莎的道路更加曲折。她对上流社会的荒诞腐朽的生活十分反感，她怀着天真的幻想，追求纯洁的爱情。在十月革命的动乱日子里，达莎受到暴徒的袭击而流产。她不能理解革命，只愿远远躲开这场风暴。可是，哪里也找不到避风港，她同样被卷入风暴的漩涡中。她的小家庭的恬静幸福

生活成了泡影,心中"永恒"的理想幻灭了。爱人捷列金参加红军,离开了她。后来,她又一度可悲地落入了谋杀列宁的反革命圈套,被胁迫去刺杀列宁。但当她亲耳聆听列宁宣传真理的火热言辞,亲眼目睹工人群众对领袖的衷心爱戴,终于清醒了,看清了特务的反动面目。于是历尽艰险,逃离虎口,回到父亲家里隐藏起来,从心底里认识到捷列金的道路是正确的,从而更加怀念着自己的丈夫。在父亲家里,达莎经历了又一次的生命斗争:捷列金在执行秘密任务路过达莎的家,打听妻子下落时,却被达莎的父亲告密出卖。这使达莎在父亲身上进一步看透了反革命分子的丑恶灵魂。她痛斥父亲,帮助丈夫脱险并相约日后的重逢。达莎再度辗转颠沛,怀着对敌人的仇恨投奔了红军,当了一名战地护士。她驰骋战场,抢救伤员,宣传革命,成为一名能文能武的女战士,终于找到了生命的归宿。

达莎的丈夫捷列金朴实谦虚,是个平民阶层出身的知识分子。他同情劳动人民的疾苦,痛恨资产阶级的残忍,曾由于倾向工人运动而被解职。第一次世界大战他应征入伍,亲眼看到士兵们"生活在肮脏和潮湿中",被军官"咒骂、呕喝、殴打",被充当炮灰;他亲自体验过奥军集中营的非人生活。经历三年动乱生活的捷列金,虽然愉快地迎接新生活的到来,但他对党的事业的认识还是朦胧的;在老朋友、工人布尔什维克罗勃莱夫的启发下他开始把革命和俄罗斯祖国联系起来了,认识到只有布尔什维克党和苏维埃政权才是挽救他的可爱的祖国的唯一可信的力量。他参加红军后,从战士身上吸取政治营养和智慧。他逐渐把个人幸福与保卫苏维埃政权的斗争紧密联结在一起。在国内革命战争烈火的锻炼中,他成长为一个忠诚可靠、刚毅勇敢的红军指挥员。

罗欣的形象则更为复杂。他出身贵族,性格刚直而又孤傲自信;他拥有土地、住宅和花园,过着剥削阶级脱离人民的生活;他虽然热爱俄罗斯,但不理解革命,认为十月革命是对俄罗斯民族的毁灭。因此,在国内战争中,他投向了白军,决心要以自己的生命拯救他的所谓祖国。但是,当他在战场上目睹了白匪军残杀无辜人民的可怕兽行时,他脚下的基地——贵族阶级的立场动摇了。他开始思索、剖析自己的行为和思想,"到底是为了什么样的真理才必须屠杀俄罗斯农民呢?"他对战争厌倦了,对白匪军产生了不满。经过内心的重重矛盾,他终于醒悟到自己过去走的是一条反人民、反革命道路,于是,他逐渐地战胜了绝望,毅然否定了"净是罪恶与虚伪"的过去。他把白军军官肩章、袖章连同帽徽一齐摘下扔掉,诚恳地向红军指挥员楚盖诉述了自己的身世,袒露了自己的思想迷误。当他留在红军队伍里并让他参加拟定作战计划时,他为这种革命集体对自己的信任所感动,增强了自我改造的信心和决心。罗欣和卡嘉团聚了,他对卡嘉说:"你现在总可以知道我们一切的努力,我们所流的一切的血,我们所受的一切无名的、无言的苦痛,有着多么重大的意义了吧!……我们将要重建这个世界。"罗欣终于懂得了他的祖国就是苏维埃俄罗斯,他和卡嘉终于找到了为祖国事业贡献自己才智的康庄大道。

# ◎劳伦斯

劳伦斯（1885—1930年），英国诗人、小说家、散文家。他最著名的作品有《虹》《恋爱中的女人》和《查太莱夫人的情人》。《虹》描写了大工业吞食小农经济的过程，抨击了金钱罪恶和帝国主义战争；《恋爱中的女人》反映了西方世界的精神危机；《查太莱夫人的情人》批判了资本主义工业对人的腐蚀摧残和婚姻道德的虚伪自私。

劳伦斯出生于矿工家庭，当过屠户会计、厂商雇员和小学教师，曾在国内外漂泊十多年，对现实抱批判否定态度。是20世

劳伦斯

纪英国最独特和最有争议的作家之一,他笔下还有许多脍炙人口的名篇,比如《儿子与情人》《误入歧途的女人》《白孔雀》《欢乐的幽灵》《墨西哥的早晨》《骑马出走的女人》《三色紫罗兰》《少女与吉普赛人》《干草堆中的爱情》等。

## 《查太莱夫人的情人》故事梗概

《查太莱夫人的情人》是劳伦斯晚年创作的一部长篇小说。作家以现实主义的手法,真实描绘了资本主义社会的丑恶腐败,揭露了资产阶级的冷酷自私,但由于他的作品有大胆的关于性的直接描写,因而遭到人们的非议。劳伦斯的思想显然受到弗洛伊德学说的影响,但他基本上采用现实主义手法,对人物微妙的内心活动的真实描写,对欧美现代派文学产生过一定的影响。

康妮的丈夫查太莱在1917年世界大战中身负重伤,被送回英国,腰部以下永远瘫痪了。战后他们回到老家,查太莱继承了爵位,康妮成了男爵夫人。老家地处米德兰,附近居民多数是矿工,日子贫乏而单调。查太莱开始写小说,康妮极力帮助他,怜爱他,他们的生活空虚漠然。

不久,康妮感到不安。她觉得自己与有生命的世界脱离了联系。丈夫根本不关心康妮的境况,他只是需要康妮,以便证明自己是活着的。那年

冬天，年轻的爱尔兰人米克里斯来到他们这个地方。康妮同情这个正在倒霉的剧作家，她需要一个男人给予她生命。在狂野的爱情驱使下，康妮委身米克里斯，她的呆板生活盛开了浪漫之花。

夏天，米克里斯又来了。他卓绝非凡，十分漂亮。晚上，他们同居。不久，康妮发现，米克里斯不懂得体贴人，只顾自己，非常自私，甚至有时嘲笑康妮，这使她痛苦和厌恶。最终他们分手了。一天，查太莱让康妮去村舍叫他的守猎人。在那里，康妮无意中看到那守猎人正在洗浴，使她心神迷乱。那守猎人名叫梅乐士，三十多岁，眼睛使康妮感到羞怯。

康妮回到自己楼上的卧室，顾影自怜，暗自伤心，倒在床上哭泣，开始憎恨查太莱，憎恨他的写作和谈话，憎恨所有欺骗妇女的男子。但是，康妮只能无可奈何地生活。丈夫和朋友们高谈阔论，认为摒弃性爱才是名副其实的文明。康妮的反抗意识潜然滋长，愤怒，忧郁，在痛苦中挣扎。不久，姐姐来到她家，康妮雇佣了一位太太，照料查太莱，自己有了一点自由。

春天来了，在树林里，康妮看见梅乐士正在那里摆弄鸡笼。梅乐士由于前妻与人私奔，受了创伤，憎恨康妮出现在小屋里。然而，康妮为了躲避查太莱和他的朋友们的高谈阔论，经常到这里寻找温暖的感觉。一天午后，康妮又来了。她对小生命的怜爱，打动了梅乐士，两个人进入了梦幻般的状态。

梅乐士决定诚恳地保护康妮，回到家的康妮也沉浸在一种兴奋的状态中。她认为，梅乐士是一个热情的人，一个健全而热情的人，他值得自己爱，由此，她一点也不后悔。以后，康妮和梅乐士经常相会，在小屋里、

58

在树林中、在雨中的小径上,尽情欢乐。康妮感到迷醉,感到兴奋,感到幸福,感到世界好像是一个梦,一切都洋溢着生命力。

查太莱的煤矿发生了罢工。康妮指责丈夫没有同情心,丈夫却坚持己见。散步时,查太莱的轮椅出了毛病,梅乐士被召来修理。查太莱颐指气使,狂怒暴躁,根本不理睬梅乐士的任何建议。康妮开始明确而决然地憎恨自己的丈夫了,她到梅乐士那里一夜未归。

初夏,康妮怀孕了。她要求离婚,说明自己所爱的就是梅乐士。查太莱狂呼乱叫,不同意离婚,还辞退了梅乐士。康妮离开了家,去了苏格兰。梅乐士去了乡间,在农场里做工。他们坚持着,心里充满希望,期待那不远相聚的日子。

### 迟来的爱情

我不知道爱情已居于我的身上:
他像海鸥一样来临,以扬起的双翼掠过悠悠呼吸的大海,
几乎没有惊动摇曳的落日余晖,
但不知不觉已融进玫瑰的色彩。
它轻柔地降临,我丝毫没有觉察,

红光消隐，它深入黑暗；我睡着，仍然不知爱情来到这里，

直到一个梦在夜间颤抖地经过我的肉体，

于是我醒来，不知道是谁以如此的恐惧和喜悦将我触击。

随着第一道曙光，我起身照镜，

我愉快地开始，因为在夜间我脸上所纺起的时光之线

已织成美丽的面纱，如同新娘的花边。

透过面纱，我有笑声一般的魅力，

像姑娘在大海苍白的夜间有着叮当作响的欢畅；

我心中的温暖，如同海洋，沿着迟来的爱情之路，

曙光洒下无数片闪耀的罂粟花瓣。

所有这些闪闪发光的海鸟烦躁地飞旋，

在我的下方，抱怨夜间亲吻的温暖

从未流过它们的血液，促使它们在清晨

恣情地追逐撒入水中的红色罂粟花瓣。

## 死亡的召唤

自我失去你，天空来到我跟前，

我在其中，耀眼的小星星就在身边，

苍白的月亮走在中间，像白色浆果之间的白鸟，

她的声音在空中轻柔作响，像我听到的鸟的鸣啭。

我宁愿走到你的身边，我的亲人，

像一只鸽子飞离教堂的圆拱，

消失在朦胧的苍穹；我情愿向你投奔，

与你一起从视野消失，像泡沫一般消融。

我疲惫不堪，亲爱的，我多想提起我的双脚

拖不动的双脚，离开地球的圆拱，

把我尚存在生命，我的爱人，抛落到

你消失之地，像轻风中的呼吸一样！

## 命　运

一旦树叶凋落，

甚至连上帝也不能使它返回树身。

一旦人类生活与活生生的宇宙的联系被击破，

人最后变得以自我为中心，

不管什么人，不管是上帝还是基督，

都无法挽回这种联系。

只有死亡通过分解的漫长过程，

能够溶化分裂的生活。

经过树根旁边的黑暗的冥河，

再次溶进生命之树的流动的汁液。

## 在阳台上

在幽暗的山前，有一条淡淡的、损毁的彩虹；

在我们与彩虹之间，是滚滚的雷鸣；

下方，青幽幽的麦田里站着农民，

像黑黝黝的树桩，静静地站在青幽幽的麦田。

你在我身边，赤足穿着凉鞋，

透过阳台上赤裸裸木材的芬芳，我辨别出你的发香；

即刻，迅速的闪电划破长空。

沿着淡绿的冰河，一艘黑色的船

　漂过昏暗，又去何方？雷声轰鸣。

　然而你有我，我有你！

　赤裸裸的闪电在天空中战栗并且消失

　除了我有你，你有我，还有什么？黑船已经漂走。

## 枇杷与山梨

我爱你，腐坏者，美味的腐败。

我喜爱把你从皮里吮吸出来，

这般的褐色，如此的柔嫩、温和，

如意大利人所说：病态的细腻。

多么稀奇、强大，值得追怀的滋味

在你堕入腐烂的阶段中流溢出来，如溪水一般流溢。

芬芳扑鼻，像西那库斯的葡萄酒，或普通的马沙拉。

尽管马沙拉一词在禁酒的西方

将很快带有矫揉造作的意味。

这是什么？这是什么？在转变为葡萄干的葡萄里面？

在枇杷、山梨里面？褐色病态的纵饮者，秋天的排泄！

这是什么，它使我们想起白色的神明。

上帝一丝不挂，像去皮的桃仁，

奇特，不太吉祥的果肉芳香，

仿佛渗了汗水，并且浸泡了神秘。

顶端枯死的山梨和枇杷。

我说，恶魔般的体验非常美好，

似俄耳甫斯的音乐,像下界的优美的狄俄尼索斯。
离别时分的一记亲吻,一阵痉挛,破裂时分的一股兴奋,
然后独自行走在潮湿的道路,直至下一个拐弯。
那儿,一名新的伴侣,一次新的离别,一次新的一分为二,
一种新的对离群索居的渴望,
对寂然孤独的新的心醉神迷,处在那衰弱的寒叶之间。
沿着奇异的地狱之路行走,越发孤寂,
心中的力量逐一地离去,
然而灵魂在继续,赤着足,更生动地具体表现出来,
像火焰般被吹得越来越白,在更深更深的黑暗之中,
分离而更加优美,更加精炼。
所以,在枇杷与山梨的奇特的蒸馏中炼出了地狱的精髓。
剧烈的离别的气味,一路平安!
俄耳甫斯,蜿蜒的、被树叶阻塞的、寂静的地狱之路。
每颗灵魂与自己的孤寂告别,
最奇特的伴侣,最好的伴侣。
枇杷、山梨,更多的秋天的甜蜜流动
从你空洞的皮囊中吮吸出来
啜饮下去,也许,像呷一口马沙拉,
好让蔓延的、自天而降的葡萄向你增添滋味,
俄耳甫斯的辞别,辞别,辞别,狄俄尼索斯的自我总和,
完美的陶醉中的自我,最终孤寂的心醉神迷。

## ◎马雅可夫斯基

弗拉基米尔·弗拉基米罗维奇·马雅可夫斯基（1893—1930年），前苏联诗人、剧作家，主张舞台应有强烈的剧场性和假定性，反对纯自然地描摹生活。出生在格鲁吉亚山区的巴格达吉村。童年时代就喜欢文学，1906年随全家迁居莫斯科，不久即从事革命活动。1911年进入莫斯科绘画雕刻建筑学校。1912年开始诗歌创作，深受未来主义派影响。长诗《穿裤子的云》是一部爱情诗，基调是批判资本主义。

马雅可夫斯基

十月革命后写出了短诗《我们的进行曲》《革命颂》和《向左进行曲》，以及剧本《宗教滑稽剧》和长诗《一亿五千万》。1919年至1922年，在俄罗斯电讯社的"罗斯塔之窗"工作。创作了讽刺诗《开会迷》，

辛辣地讽刺了官僚主义和文牍主义。1924年后进入成熟期，先后发表了长诗《列宁》和《好》，长诗序曲《放开喉咙歌唱》，讽刺喜剧《臭虫》和《澡堂》，以及特写《我发现了美洲》。由于长期受到宗派主义的打击，加上爱情遭遇挫折，1930年诗人开枪自杀。

## 杰出的革命诗人

弗拉基米尔·弗拉基米罗维奇·马雅可夫斯基，苏联早期杰出的革命诗人。他的创作，同社会主义革命和建设事业紧密地联系在一起，对苏联无产阶级革命诗歌运动做出了重大贡献。马雅可夫斯基于1893年7月7日生于格鲁吉亚的巴格达吉村。他的父亲是一个林务官，十分关心子女的教育。9岁时，马雅可夫斯基进库塔伊西文科中学，后又转学到莫斯科。1905年俄国革命对他有深刻影响，他参加了学校的罢课和游行。1908年参加布尔什维克党，从事秘密的革命工作。他曾三次被捕入狱。在狱中他还组织政治犯进行斗争，并大量阅读文学作品。

在20世纪初至十月革命前后的俄国知识界和文学界中，流行一种资产阶级偏见，认为革命和艺术不能相容。年轻的马雅可夫斯基和其他许多进步作家一样，也受这种偏见影响。他虽然有一定的政治热情，拥护党，欢迎革命，但是又错误地认为党的工作会妨碍自己的学习和创作，于1909年停止做党的工作。1911年,马雅可夫斯基进入莫斯科绘画雕刻建筑学校。他在这里被未来派诗歌理论家布尔柳克引为同道。

未来主义反对艺术的思想性,主张"要把词从词意中解放出来",打着反对旧时代艺术的旗号,仇视和否定民族文化遗产。马雅可夫斯基被这一文学流派的艺术主张所迷惑,就在未来主义的旗帜下走上文坛。他最初的一些诗是色彩斑驳的城市图画,形象是模糊的,词汇是晦涩的,适应了未来派形式主义的艺术原则。但是马雅可夫斯基的诗同未来主义有所不同,他自己说是"斗争的诗歌"。他的第一篇长诗《穿裤子的云》(1915),有强烈的批判资本主义的倾向。

马雅可夫斯基把十月革命亲切地称为"我的革命"。在起义的水兵们攻打冬宫的历史性时刻,他们唱着马雅可夫斯基创作的诗歌前进:"你吃吃凤梨,嚼嚼松鸡,你的末日到了,资产阶级!"革命后第二天,诗人就来到起义司令部斯莫尔尼宫参加工作。他写作《我们的进行曲》(1917)、《革命颂》(1918)、《给艺术大军的命令》(1918)等诗篇,歌唱十月革命的伟大胜利,呼吁艺术家同革命相结合。他创作的诗剧《宗教滑稽剧》(1918),是革命后上演的第一出现代戏。这一作品是社会主义与资本主义激烈斗争的艺术表现,但人物没有个性,艺术形式流于荒诞。

马雅可夫斯基为红色水兵们写的政治鼓动诗《向左进行曲》(1918),达到了革命的政治内容与完美的艺术形式的较好的统一。他的长诗《一亿五千万》(1920)表现了苏维埃爱国主义精神。但这首诗中运用极度夸张的艺术手法,生造怪词和比喻,有令人费解的形式主义毛病。这些未来主义的表现曾经受到列宁的批评。自1919年10月至1922年2月国内战争时

期,马雅可夫斯基参加了"罗斯塔(俄罗斯通讯社)之窗"的工作。他日以继夜地写鼓动诗、讽刺诗,作宣传画、招贴画。这些张贴于街头橱窗的引人注目的诗画,配合党的工作,记录了当时现实生活中的一切重大问题。其内容有:号召红军英勇杀敌,呼吁农民把余粮供给城市,为前方募集抗寒衣物等等。

这一阶段的工作显示了诗人忘我的革命热忱和旺盛的创作激情。通过"罗斯塔之窗"的创作实践,马雅可夫斯基的诗歌内容充实了,题材广泛了,艺术形式也大众化了。他逐渐摆脱未来派的影响,走上了现实主义的道路。在"罗斯塔"期间,诗人写了许多针对人民内部矛盾的讽刺诗,其中最好的一首是《开会迷》(1922)。这首诗用夸张手法,鲜明生动地揭露了不务实际、崇尚空谈的官僚主义者形象。列宁在这首诗发表后第二天,就称赞它在政治方面"是完全正确的"。

1924年1月,列宁的逝世深深地震动了马雅可夫斯基。他于这一年秋写成长诗《弗拉基米尔·伊里奇·列宁》。这是无产阶级文学史上的第一部描写革命领袖的政治抒情叙事作品。作者在革命历史的广阔背景上塑造的列宁形象是真实感人的。他既崇高伟大,又平易近人,与人民群众息息相通。"他是最现实的,但绝不是眼睛只盯着自己食槽的那种人。他一眼望尽了整个的世界,看透了时间掩盖着的一切。"诗人用深沉的笔调,表达亿万人民对领袖逝世的巨大哀痛,并以发自肺腑的火热诗句,抒发对领袖的无限深情,表示"情愿交出自己的生命,来换取他的轻轻的一息"。

长诗《列宁》在现实地描写和塑造无产阶级革命领袖的光辉形象、政治抒情和历史叙事的结合、语言的革新和引用民间歌谣等艺术手法方面,

为无产阶级革命诗歌的发展提供了许多宝贵的经验。这是一座壮丽的诗歌纪念碑。完成了纪念列宁的长诗以后，马雅可夫斯基先后两次出国旅行，到过法国、西班牙、古巴、墨西哥、美国等，写了大量的国际题材诗作。1925年他写了特写集《我发现美洲》和一系列关于美国的诗，以锐利的讽刺笔触，揭露美国这个金元帝国里资本对劳动的统治、种族歧视和其他种种弊病，表达诗人对资产阶级社会的蔑视（如《梅毒》《百老汇》）和对苏维埃祖国的热爱（如《回国》《苏联护照》）。

从1926年开始，马雅可夫斯基漫游自己的祖国。他走遍苏联各地的农村、工矿区和建设工地，不辞辛苦地向广大红军战士、工农群众和大学生发表演讲和朗诵自己的诗作，同时从社会主义建设的新生活中汲取创作素材。这一年他写了《给奈特同志——船和人》《和财务检查员谈诗》等诗作和《怎样做诗》等文章，歌颂社会主义建设和阐述革命诗歌应该为社会主义事业服务。他认为，诗歌的创作如同镭的开采一样，"开采一克镭，需要终年劳动。你想把一个字安排妥当，就需要几千吨语言的矿藏。"

为纪念十月革命十周年而创作的长诗《好》（1927），是马雅可夫斯基创作的又一个重大成就。这是一部伟大的历史画卷：从革命前的社会生活到攻打冬宫的武装起义；从国内战争的艰难岁月到和平建设的沸腾场景……诗人用饱蘸激情之笔，描绘了一部形象的十月革命史。长诗《好》的抒情主人公是一个具有高度政治热情、热爱社会主义祖国的革命战士和诗人。他怀抱着共产主义必胜的坚实信念，赞美祖国的现在，更加倍地赞美祖国的将来。他说，那有着甜果汁似的空气的土地，你可以随手拈来，随手抛去，"但是，同它一起受过冻的土地，我是永远不能不爱它。"抒情主

人公的这个"我",代表着亿万革命人民的"我们"。

长诗《好》在异常广阔的时代背景上,描绘了大量的历史人物。其中,有苏联早期革命活动家捷尔任斯基的肖像画,有作者同时代的诗人勃洛克的素描画,也有资产阶级代表人物克伦斯基等人的讽刺漫画。作者随着历史事件的发展,成功地塑造了正面人物和反面人物的典型性格,给人以真实、生动、鲜明、深刻的印象。长诗中还充满了高亢、激越的抒情力量和动人心魄的火热诗句。作者在抒情时,直抒胸臆,毫无矫揉造作之辞;叙事时,则如把读者带回到历史事件之中,毫无枯燥乏味之感。长诗的语言精炼、新颖,凝结着时代的气息。这部作品是无产阶级的社会主义革命在现实主义诗歌艺术中的表现和产物。卢那察尔斯基称它是"青铜铸成的十月革命"。

1928年至1929年间,马雅可夫斯基创作了反映苏维埃国家的社会主义建设(《突击队进行曲》《库兹涅茨克的建设、库兹涅茨克的人们的故事》)和青年一代的精神面貌(《给我们的年轻人》《青春的秘密》)等题材的诗。诗人与少年儿童新一代的诚挚友爱关系,反映在他给孩子们写的《什么是好,什么是不好?》等诗篇中。

马雅可夫斯基不仅是一个具有炽烈情感的革命诗人,而且还是一个具有讽刺力量的苏维埃剧作家。他的讽刺喜剧《臭虫》(1928)和《澡堂》(1929),是针对资本主义残余、小市民和官僚主义者的新型喜剧。其中,作者继承了果戈理、谢德林等人的古典讽刺传统,在新的时代背景上塑造了新生力量与旧势力对立的形象。

马雅可夫斯基是一个无产阶级国际主义的文化战士。在他的诗歌中,

表达了对英、奥以及其他各国人民革命运动的声援。他对中国人民的解放事业尤为关注。他把中国分为"将军的中国"（指反动派的统治）和"工人的中国"。他对前者发出警告，对后者伸出友谊之手。他呼吁四万万中国人，把帝国主义摔下中国的墙，要他们"滚出中国"！1927年，当诗人得知中国北伐军占领上海的喜讯时，他在一个集会上即席写了《最好的诗》献给中国人民。

除了文学创作活动外，马雅可夫斯基还参加报刊编辑工作。自1923年起，他编辑出版文学刊物《列夫》（左翼阵线），1927年他又担负起《新列夫》杂志的编辑工作，之后，又参加编辑《共青团真理报》。马雅可夫斯基积极参加文艺界的思想斗争和路线斗争，团结青年作家，宣传诗歌属于广大群众的主张，反对"右"的和极"左"的文艺思潮。1930年2月，他加入了无产阶级作家组织"拉普"（俄罗斯无产阶级作家联盟）。他受到居于"拉普"领导岗位的某些宗派主义领导人的排斥打击。

1930年1月，马雅可夫斯基举办他的20年创作展览。他还写了一部新的长诗的序诗《放开喉咙歌唱》，总结自己的一生。他直接对"后代同志们"说，他的创作都是献给全世界的无产阶级的。他要像举起布尔什维克党证那样，高举起自己的"一百本党的诗集"。马雅可夫斯基于1930年4月14日逝世。他在《致大家》的信中，说明他由于个人原因而自杀。他的诗歌成为苏联人民和世界人民的宝贵财富。斯大林称许他说："马雅可夫斯基过去是，现在仍然是我们苏维埃时代最优秀、最有才华的诗人。"

## 马雅可夫斯基轶事

1. 不洗脸。一次，马雅可夫斯基在莫斯科综合技术博物馆大厅举行的演讲会上，与反对他的人展开了舌战。有人问："您说，有时应当把那些沾满'尘土'的传统习惯从自己身上洗掉，那么，您既然需要洗脸，这就是说，您也是肮脏的了。""那么，您不洗脸，您就以为自己是干净的了吗？"

2. 诗不是瘟疫。有人对马雅可夫斯基进行诘难："马雅可夫斯基，你为什么手上戴戒指？这对你很不合适。"马雅可夫斯基回答："照你说，我不应该戴在手上，而应戴在鼻子上喽？""马雅可夫斯基，你的诗不能使人沸腾，不能使人燃烧，不能感染人！"马雅可夫斯基回答："我的诗不是大海，不是火炉，不是鼠疫！"

3. 一步之差。马雅可夫斯基在演讲时，一个矮胖子挤到台上说："我应该提醒你，拿破仑有一句名言：从伟大到可笑，只有一步之差。"诗人指着自己和他身边的矮胖子，笑着说："不错，从伟大到可笑，是只有一步之差。"

4. 诽谤者的哀求。十月革命前夕，大诗人马雅可夫斯基在彼得堡的涅夫斯基大街上遇到一个头戴小帽、手提钱袋的女人，诬蔑中伤布尔什维

克，说布尔什维克是土匪、强盗，整天杀人、放火、抢女人……马雅可夫斯基听了火冒三丈，当即拨开人群，径直扑到这个女人跟前，厉声喊："抓住她，她昨天把我的钱袋偷跑了！"

听了这话，人们纷纷讥笑那女人并四散而去。那女人苦苦哀求马雅可夫斯基："我的上帝你瞧瞧我吧，我可真是头一回看见你呀！"马雅可夫斯基答道："可不是吗，太太，你这才头一回看见一个布尔什维克，却就大谈特谈起布尔什维克来了。"

5. 马雅可夫斯基之死。1930年4月14日早晨，女演员维罗尼卡刚离开马雅可夫斯基的工作室，屋内便传来一声枪响。马雅可夫斯基用勃朗宁手枪结束了自己的生命。他留下一封《致大家》的信："我现在的死，不要责怪任何人，更不要制造流言蜚语。死者生前对此极为反感。"唯一遗憾的事就是与论敌的斗争——"应当对骂到底"。

## 马雅可夫斯基诗歌欣赏

### 穿裤子的云

你为什么叫我诗人？

我不是诗人，

我不过是个哭泣的孩子，你看

我只有撒向沉默的眼泪。

你为什么叫我诗人？

我的忧愁便是众人不幸的忧愁，

我曾有过微不足道的欢乐，

如此微不足道。

如果把它们告诉你，

我会羞愧得脸红。

今天我想到了死亡，

我想去死，只是因为我疲倦了，

只是因为大教堂的玻璃窗上。

天使们的画像让我出于爱和悲而颤抖，

只是因为，而今我温顺得像一面镜子，

像一面不幸而忧伤的镜子。

你看，我并不是一个诗人，

我只是一个想去寻死的忧愁的孩子。

你不要因为我的忧愁而惊奇，

你也不要问我，

我只会对你说些如此徒劳无益的话。

如此徒劳无益，

以至于我真的就像

快要死去一样大哭一场。

我的眼泪

就像你祈祷时的念珠一样忧伤。

可我不是一个诗人,

我只是一个温顺,沉思默想的孩子。

我爱每一样东西的普普通通的生命,

我看见激情渐渐地消逝,

为了那些离我们而去的东西。

可你耻笑我,你不理解我,

我想,我是个病人,

我确确实实是个病人,

我每天都会死去一点。

我可以看到,

就像那些东西。

我不是一个诗人,

我知道,要想被人叫做诗人,

应当过完全不同的另外一种生活。

天空在烟雾中,

被遗忘的蓝色的天空,

仿佛衣衫褴褛的逃亡者般的乌云。

我都把它们拿来渲染这最后的爱情,

这爱情鲜艳夺目,

就像痨病患者脸上的红晕。

你们的思想,

幻灭在揉得软绵绵的脑海中，

如同躺在油污睡椅上的肥胖的仆从。

我将戏弄它，使它撞击我血淋淋的心脏的碎片，

莽撞而又辛辣的我，将要尽情地把它戏弄。

我的灵魂中没有一茎白发，

它里面也没有老人的温情和憔悴！

我以喉咙的力量撼动了世界，

走上前来——我奇伟英俊，

我才二十二岁。

粗鲁的人在定音鼓上敲打爱情

温情的人

演奏爱情用小提琴

你们都不能像我一样把自己翻过来，

使我整个身体变成两片嘴唇！

来见识见识我吧——

来自客厅的穿洋纱衣裳的

天使队伍中端庄有礼的贵妇人

像女厨师翻动着烹调手册的书页，

你安详地翻动着你的嘴唇

假如你们愿意——

我可以变成由于肉欲而发狂的人，

变换着自己的情调，像天空时晴时阴，

假如你们愿意——

我可以变成无可指摘的温情的人，

不是男人，而是穿裤子的云！

我不信，会有一个花草芳菲的尼斯！

我又要来歌颂

像医院似的让人睡坏的男人，

像格言似的被人用滥的女人。

# 中外名人故事

## ◎左琴科

左琴科（1895—1958年），苏联著名幽默讽刺作家，1895年生于乌克兰波尔塔瓦，父亲是画家。1913年左琴科入彼得堡大学攻读法律。1915年世界大战期间自愿入伍，在前线中毒气受伤。1921年左琴科步入文坛，加入"谢拉皮翁兄弟"文学团体。左琴科很快成为苏联享有盛誉的幽默讽刺作家。1939年获得苏联红旗勋章。左琴科不只是位讽刺家，他是苏联纪实文学的奠基人之一，是苏联儿童文学的倡导者和代表作家，是苏联科研文艺的开拓者之一。

左琴科

左琴科的创作体裁多样，有幽默讽刺短篇、杂文、中篇小说、传记性小说、剧作和儿童故事等，其中以短篇见长。他的幽默讽刺艺术继承了果戈理、列斯科夫以及契诃夫早期作品的优秀传统，广泛吸取了民间口头文

· 78 ·

学的丰富营养。在幽默讽刺艺术上的新开拓,使左琴科的作品在苏联文学史上别开生面。他不仅给广袤的苏联大地带来了笑声,也给人们带来了与众不同的美学享受。而这种笑声与美学品味,正是左琴科凭借他丑陋可爱的喜剧假面带给人们的。

他的作品的主人公大多是市民阶层、普通百姓、公务人员。作者善于从人们日常琐事中摄取题材,嘲讽形形色色的市侩心理、庸俗习气以及官僚主义作风,形成了所谓的"左琴科式人物"。左琴科作品的语言具有浓郁的生活气息,平易风趣、机智俏皮、绘声绘色、活灵活现。幽默作品有《蓝肚皮先生纳扎尔·伊里奇的故事》《贵妇人》《狗鼻子》《澡堂》《产品质量》《蓝书》等,描写革命后社会生活中遗留的旧痕迹和种种陈规陋习,嘲笑了自私、落后、官僚主义等现象。1958年在列宁格勒病逝。

## 讽刺作家左琴科

米哈伊尔·左琴科,1895年生于乌克兰波尔塔瓦,父亲是位画家。1913年左琴科在彼得堡大学攻读法律。1915年世界大战期间自愿入伍,在前线中毒气受伤。1918年参加红军,1919年因病复员。以后曾当过鞋匠、民警、电话接线员、法院民事调查员以及会计等。左琴科于1921年开始创作。十九世纪二三十年代左琴科的幽默作品风靡一时,苏联各出版社竞相

出版他的各种作品集,许多作品被翻译介绍到国外。左琴科很快成为苏联享有盛誉的幽默讽刺作家。法捷耶夫曾把左琴科与肖洛霍夫、费定等著名作家并提。由于文学成就卓著,左琴科于1939年获得苏联红旗勋章。

事实上,左琴科的创作道路坎坷不平,十九世纪二三十年代苏联文艺界对左琴科的作品一直存在争论,毁誉兼有。1946年,左琴科因《猴子奇遇记》受到日丹诺夫的严厉批判。日丹诺夫说:"左琴科惯于嘲弄苏联生活、苏维埃制度、苏联人,用空洞娱乐和无聊幽默的假面具掩盖这种嘲弄"。"左琴科这个市侩和下流家的伙给自己所选择的常用主题,便是发掘生活最卑劣的、琐碎的各方面……这是一切下流市侩作家——左琴科也在内——所特有的东西"。同年9月左琴科被开除出作协,此后他没有发表什么重要作品,转而从事翻译。

苏联文学泰斗高尔基曾对左琴科的作品给予很高的评价。1930年10月,高尔基写信给左琴科说:"我高度赞扬您的幽默作品。我……认为它们的独特风格和'社会教育价值'都是无须争议的"。1936年3月25日,高尔基又写信给他说"昨晚我读完了《一本浅蓝色的书》……您的独特的才能在这部作品中,比以前的作品显得更有把握和更鲜明了。""在您的作品中,我首次见到幽默与抒情笔调运用得如此和谐,这是文学史上前所未有的……"1943年,费定撰文说:"也许从来没有一位作家像左琴科那样创作了如此众多的艺术形象;它们真实地反映了我们生活和民族特点的各个方面。"

在创作题材方面,左琴科可谓是个多面手,有幽默讽刺短篇、杂文、中篇小说、传记性小说、剧作和儿童故事等,其中尤以短篇见长。他的幽

默讽刺艺术继承了果戈理、列斯科夫以及契诃夫早期作品的优秀传统，并且广泛吸取了民间口头文学的丰富营养。他在作品的主题思想、艺术表现形式上作了辛勤的、坚持不懈的探索（其中也有某些失误），在情节结构、艺术手法等方面都有所创新。在幽默讽刺艺术上的新开拓，使左琴科的作品在苏联文学史上别开生面，另辟蹊径。

作为一个富有才华的幽默讽刺作家，左琴科对他所处的时代有其独到的理解和体察，他的作品的主人公大多是市民阶层、普通百姓、公务人员。作者善于从人们习焉不察的日常琐事中摄取题材，嘲讽形形色色的市侩心理、庸俗习气以及官僚主义作风。他在描绘那些具有时代特征的人物时，细致、深刻、一针见血，形成了整整一画廊的所谓"左琴科式人物"。这些人物建立在真实的生活基础上，他们有血有肉，读来如见其人，如闻其声。作品的真实性使左琴科的幽默讽刺艺术具有强大的生命力。左琴科作品的语言是形成他作品艺术特色的另一个重要因素。无论叙述者的语言或是人物的语言，都具有浓郁的生活气息，它平易风趣、机智、俏皮、绘声绘色、活灵活现。左琴科曾说："我的句子都很短，普通的穷苦老百姓也能读得懂。"

20世纪50年代，苏联恢复出版左琴科的各种故事集以及四五十年代末发表过的作品。左琴科不只是位讽刺家。他是苏联纪实文学的奠基人之一，是苏联儿童文学的倡导者、组织者和代表作家之一，是苏联科研文艺的开拓者之一。但他首先是位讽刺艺术家，最主要的是位讽刺家，是列斯科夫、果戈理故事体小说在苏联文学中的继往开来者。他在这方面的成就，不仅给广袤的苏联大地带来了笑声，也给人们带来了与众不同的美学

享受,使万千读者以不知他的名字为羞耻。而这种笑声与美学品味,正是左琴科凭借他丑陋可爱的喜剧假面带给人们的。

他的第一部幽默故事集《蓝肚皮先生纳扎尔·伊里奇的故事》(1922)以及随后的许多中、短篇讽刺小说《贵妇人》(1923)、《狗鼻子》(1923)、《澡堂》(1924)、《产品质量》(1927)、《蓝书》(1934)等,描写革命后社会生活中遗留的旧痕迹和种种陈规陋习,嘲笑了自私、落后、官僚主义等现象。

## 左琴科作品欣赏

### 狗鼻子

商人叶列麦伊·巴勃金有件貉皮大衣给人偷走了。商人叶列麦伊·巴勃金嚎了起来。他真心疼这件皮大衣呀。他说:"诸位,我那件皮大衣可是好货啊。太可惜了。钱我舍得花。我非把这个贼抓到不可。我要啐他一脸唾沫。"于是,叶列麦伊·巴勃金叫来警犬搜查。来了一个戴鸭舌帽、打裹腿的便衣,领着一只狗。狗还是个大个头,毛是褐色的;嘴脸尖尖的,一付尊容很不雅观。

便衣把那条狗推到门旁去闻脚印,自己"嘘"了一声就退到一边。警犬嗅了嗅、朝人群扫了一眼(自然四周有许多围观的人),突然跑到住在

五号的一个叫费奥克拉的女人跟前,一个劲儿地闻她的裙子下摆。女人往人群里躲,狗一口咬住裙子。女人往一旁跑,它也跟着。一句话,它咬住女人的裙角就是不放。

女人扑通一声跪倒在便衣面前。"完了,"她说。"我犯案啦。我不抵赖。"她说:"有五桶酒曲,这不假。还有酿酒用的全套家什,这也是真的,都藏在浴室里。把我送公安局好了。"人们自然惊得叫出了声。"那件皮大衣呢?"有人问。她说:"皮大衣我可不知道,听都没听说过。别的都是实话。抓走我好了,随你们罚吧。"这女人就给带走了。

便衣牵过那只大狗,又推它去闻脚印,说了声"嘘"又退到一旁。狗转了转眼珠,鼻子唤了嗅,忽地冲着房产管理员跑过去。管理员吓得脸色煞白,摔了个仰面朝天。他说:"诸位好人呀,你们的觉悟高,把我捆了吧。我收了大伙的水费,全让我给乱花了。"住户们当然一拥而上,把管理员捆绑起来。这当儿警犬又转到七号房客的跟前,一口咬住他的裤腿。

这位公民一下子面如土色,瘫倒在人群前面。他说:"我有罪,我有罪。是我涂改了劳动履历表,瞒了一年。照理,我身强力壮,该去服兵役,保卫国家。可我反倒躲在七号房里,用着电,享受各种公共福利。你们把我逮起来吧!"人们发慌了,心想:"这是条什么狗,这么吓人呀?"

那个商人叶列麦伊·巴勃金,一个劲儿眨巴着眼睛。他朝四周看了看,掏出钱递给便衣。"快把这条狗牵走吧,真见它的鬼。丢了貉皮大衣,我认倒霉了。丢就丢了吧……"他正说着,狗已经过来了,站到商人面前不停地摇尾巴。商人叶列麦伊·巴勃金慌了手脚,掉头就走,狗追着不放,跑到他跟前就闻他那双套鞋。

  商人吓得脸色刷地就白了。他说:"老天有眼,我实说了吧。我自己就是个混账小偷。那件皮大衣,说实话也不是我的,是我哥哥的,我赖着没还。我真该死,我真后悔啊!"这下子人群哄地四散而逃。狗也顾不得闻了,就近咬住了两三个人。咬住就不放。这几位也一一坦白了:一个打牌把公款给输了。一个抄起烫斗砸了自己的太太。还有一个,说的那事简直叫人没法言传。

  人一跑光,院子便空空如也,只剩下那条狗和便衣。这时警犬忽然走到便衣跟前,大摇其尾巴。便衣脸色陡地变了。一下子跪倒在狗跟前。他说."老弟,要咬你就咬吧。你的狗食费,我领的是三十卢布,可自己私吞了二十卢布⋯⋯"。后来怎样,我就不得而知了。是非之地,不可久留,我便赶紧溜之大吉。

## ◎海明威

海明威（1899—1961年），美国小说家，"新闻体"小说的创始人。1899年生于芝加哥附近的一个医生家庭，1954年获诺贝尔文学奖。参加第一次世界大战，以记者身份参加了第二次世界大战和西班牙内战。晚年精神抑郁，1961年自杀。他的小说《太阳照样升起》《永别了，武器》成为表现美国"迷惘的一代"的主要代表作。出色地描述了战争在社会、感情和道德方面的含义，它在心灵上锻铸出对人的命运的看法，迫击炮的碎弹片成了残酷世界破坏力量的比喻。

海明威

《印第安帐篷》《三天大风》《战斗者》与《杀人者》，写的是暴力与恐惧、混乱与失望的主题。20世纪20年代写出了《在我们的时代里》《春潮》《没有女人的男人》和长篇小说《太阳照样升起》《永别了，武器》。

《太阳照样升起》描写了战争夺取亲人,给人们留下了肉体上和精神上的创伤,对人生感到厌倦、迷惘和懊丧,具有反战色彩。成了"迷惘的一代"文学流派的代表作。

20世纪30年代塑造了摆脱迷惘、悲观,为人民利益英勇战斗的反法西斯战士形象《第五纵队》,1939年以西班牙内战为背景创作《丧钟为谁而鸣》。40年代写了《非洲的青山》《乞力马扎罗山的雪》《午后之死》,提出了"冰山原则",只表现事物的八分之一,使作品耐人寻味。《永别了,武器》,又译《战地春梦》,揭示了"迷惘的一代"出现的历史原因,控诉了战争毁灭人的幸福,戕害人的心灵。

孤独与多才多艺是海明威最突出的特点。50年代塑造了以桑提亚哥为代表的"可以把他消灭,但就是打不败他"的"硬汉形象"。二战后的代表作为《老人与海》,体现了人在"充满暴力与死亡的现实世界中"表现出来的勇气而获得1954年的诺贝尔文学奖。海明威以自己的经历,披露了当权者的伪善和现实的残酷,刻画了美国年轻一代的迷惘情绪。

## 迷惘的硬汉海明威

欧内斯特·海明威是美国小说家,出生于伊利诺斯州。父亲是个医生,小时候他常随父亲外出行医及捕鱼打猎,练就了他强健的体魄和刚强的性格。从幼年到老年,他对斗牛、拳击、渔猎等活动的热爱历久不衰,这些竞技活动有助于造就他的硬汉性格。他一生经历丰富,曾长期担任驻欧记者,亲身参加过两次世界大战。西班牙内战期间,他支持共和政府,反对法西斯主义。在抗日战争中他曾来中国采访。

其中对他影响最大的是第一次世界大战,他从耳闻目睹的事实中认清了这场帝国主义战争的实质,与一批敏感的作家在战后流落欧洲,在否定了传统价值观念后对生活和前途感到迷惘,被称为"迷惘的一代"。他的长篇小说《太阳照样升起》(1920)和《永别了,武器》(1929)都是表现第一次世界大战给青年一代造成创伤的力作。其中《太阳照样升起》成为海明威的成名之作,并成为"迷惘的一代"的代表作品。

20世纪30年代,海明威曾到非洲打猎,写下了札记《非洲的青山》(1935)及短篇小说《乞力马扎罗山上的雪》。长篇小说《丧钟为谁而鸣》(1940)及剧本《第五纵队》(1938)歌颂了国际纵队战士和西班牙游击队员反法西斯的英勇斗争。1952年发表了中篇小说《老人与海》,塑造了桑提亚哥这个著名的"硬汉子形象",因而震动文坛,于1954年获得诺贝尔文学奖。

海明威的一生具有很强的传奇色彩。婚姻多变,4次结婚;在战争中,狩猎中,飞机失事中多次负重伤,均幸免于难;他多次试图自杀,最终于1961年7月2日用猎枪结束了自己的生命。海明威死后留有大量遗稿,由他夫人玛丽·威尔士整理,先后出版的有《不固定的圣节》和《海流中的岛屿》。

## 海明威轶事

1. 沙地上的签名。纽约有一个富商，靠地产买卖发财。有一天，他慕名拜访迁居古巴的美国著名作家海明威，并坚持要作家签名留念。海明威用手杖在沙地上签下自己的名字，说："请您收入，不妨连地皮一起带回纽约。"

2. 最好的写作方式。一次宴会上，坐在美国作家海明威身边的一个富翁想同海明威套近乎。他问海明威："什么是最好的写作方式？""从左往右写。"海明威认真地说。

3. 身价问题。有一个人写了一封讽刺信给海明威，信上说："我知道你现在的身价是一字一金。现在附上一块美金，请你寄个样品来看看。"海明威收下那块钱，回答了一个字"谢"！

4. 加个床位吧。海明威有躺在床上阅读、写作的习惯。一天早上，有个记者要采访他，海明威要把他请到卧室来，他的夫人表示异议说："你自己躺着，让客人站在床边，这像话吗？"海明威想了想，然后折中地说："好吧，你叫仆人在这里加个床位吧。"

5. 只有遗嘱了。海明威在美国爱达荷州居住时，适逢该州进行州长选举。一位参加竞选的州议员知道海明威威望很高，便想请他为自己写一

篇捧场文章。海明威爽快地答应了。第二天,议员便收到了海明威送来的一封信,拆开一看,却是海明威太太年轻时写给海明威的一封情书。议员认为是海明威搞错了,便差人把信送回,并写了一张条子,务必请他帮忙。一会儿,又有人给议员送信来了,打开一看,却是一张遗嘱。议员感到蹊跷,便亲自到海明威住处去问个究竟。这时,海明威故作无可奈何地说:"对不起,我家里除了情书以外,只有遗嘱了。"

6. 这地方要改一下。海明威的儿子在回忆录中讲述了这样一段往事:有一天早晨,我爸爸说:"你自己写一篇短篇小说,不要期望写很好。"我坐在桌边,用他的打字机,慢慢打出一篇小说,交给他。他戴上眼镜读起来。我在一边看他有什么反应。他读完很高兴:"很好,孩子,写得很好,你很有想象力,可以得奖了!不过,这地方要改一下,应该把'突然之间',改成'突然',用字越少越好,动作也会更紧凑……"可以得奖的是屠格涅夫。这篇小说是我抄的,在抄袭中,恰恰是把"突然"改为"突然之间"。

## 《老人与海》故事梗概

《老人与海》是海明威晚年的力作,写的是一个老人却展现了一个世界。故事很简单,但思想内容很深刻。从表面上看桑提亚哥虽然失败了,

但在精神上他并不服输,正如他所说:"一个人可以被毁灭,但不能给打败"。作者大量使用象征手法。狮子是老人年轻时远航非洲见到的,它们是青春、活力和勇敢的象征,体现老人老当益壮的勃勃雄心。在插叙中交织着老人对往事的回忆和对眼前事物的感慨。作者以简洁的语言勾勒出人物的性格特征,如"他身上的一切都显得古老,除了那双眼睛,像海水一般蓝,是愉快而不肯认输的"。此外,生动的比喻和精彩的对话也交相辉映,呈现出作者朴实无华、简洁明快的语言风格。

古巴老渔夫桑提亚哥已经有84天没有打到鱼了。头40天有一个孩子跟他一起出海。可是孩子的爸妈说这老头儿倒了运,叫孩子跟别的渔船去打鱼。孩子搭了别的船,头一个星期就捉到三条好鱼。孩子是跟着老头儿学打鱼的,很佩服老头儿的本事。这回虽然不搭他的船,却很惦记这老头儿。他看见老头儿天天划着空船回来,心里很难过,总要走下岸去,帮他收拾钓丝、鱼钩、渔叉什么的。

那一天,老头儿又划着空船回来。孩子帮他拾掇船上的东西,请他喝了一瓶啤酒,还给他端了饭来。老头儿吃罢饭,摸黑上了床。他不久睡去,梦见了他儿童时代看到的非洲、海滩、海峡和大山。他现在做梦,不再梦见浓涛、搏斗那些东西了,只梦见一些地方和海滩上的狮子。

第二天早晨,孩子拿了沙丁鱼和两个鱼食,送他出海,并祝他好运。这是老头儿没打到鱼以来第85天出海了。天气晴朗,海面一平如镜。他不慌不忙地划着船。天还没大亮,他就撒下鱼食。鱼食是头朝下的小鱼,肚子里塞着鱼钩的把子,缝得牢牢的,钩子的突出部分,像钩尖儿,都用新

· 90 ·

鲜的沙丁鱼遮住。凡是大鱼能碰到的地方,都是香喷喷的。

他抬头望海岸。陆地上的云彩是巍峨的山峦升在空中,海岸只剩下长长的一条绿线,背后是淡青色的小山。水是深蓝色的,深得几乎变成了紫色,他低头朝水里望去,只见蓝蓝的海水里游动着红色的小生物,和太阳幻成奇异的光辉。他喜欢那些海龟,喜欢他们优雅的风度,可是很多人对海龟很残忍,而海龟被切开、杀死以后,它的心还要跳好几个钟头。老头儿想:我也有这样一颗心,我的手和脚也跟海龟一样啊!现在他看不见绿色的海岸了,只见青青的山,山峰上面雪山似的白云。老头儿把钓丝笔直插入一里深的海水里。

他目不转睛地望着钓丝,看见伸在水面上一根竿子急速地浸到水里去。接着钓丝动了一下。他知道:下面100呎深的地方,一条马林鱼正吃着钩尖和钩把子上的沙丁鱼。他想:"吃吧,鱼啊。吃吧,请你吃吧。"他敞开嗓门说:"那些小鱼儿不是很美吗?趁着新鲜的时候马上把它们吃下去。"他感觉到下面轻轻地扯动,心里很高兴,接着他又觉得有一件硬邦邦的东西,重得叫人不能相信。这是鱼的分量。他想:"多大的鱼啊"。

大鱼不慌不忙地游着,鱼、船和人都跟着缓缓地漂流。四个钟头以后,那条大鱼照旧拖着小船向无边浩渺的海面款款游去。老头儿拉住背在脊梁上的钓丝。他想:"我拿它没办法,它拿我也没办法。"然而他可怜这条大鱼:它真不了起,真稀奇。"我和它谁也没有个帮手。""鱼啊,我到死也要跟你在一起。"

他竭力把钓丝拉紧,但钓丝已经绷得很紧,快要折断了,要是猛拉一下，就会把鱼钩在嘴里挂的口子加宽，再加鱼一跳，就会把钩子甩掉。这时，大鱼突然晃荡一下，把老头儿拖到船头那边去，他好容易撑住一股劲儿，放出一段钓丝，才没给拖到海里去。他知道鱼一定弄伤了，他拉住钓丝不动，身子往后仰，抵挡钓丝的张力。他说："鱼，你现在也觉得痛了吧，可是，老实说，我也觉得痛啦。"

钓丝慢慢地上升，鱼露出来了，水从它的身边往四下直涌。它浑身明光耀眼，头、背都是深紫色的，镰刀片似的大尾巴出没在水里。老头儿说："它比小船还长两英尺呢。"现在他已经漂到了看不见陆地的海面上，跟大鱼继续搏斗。他觉得非常累乏，希望大鱼睡去，他自己也能睡去，去梦见狮子。他高声地说："鱼啊，要是你没累乏，那你可真奇怪透顶了。"

第二天，大鱼还是拖着船游动，它一次又一次跳，虽然钓丝不断松下去，但船走得非常快。老头儿把钓丝绷紧，身子一动也不动。第三天，鱼开始打转儿了，老头儿拼命拉紧钓丝，看它的尾巴从水里露出来，游到前面来，举止从容不迫，非常优美，老头儿用力去拽，想把它拽近些。他忍住一切疼痛，拿出当年的威风，拼出力气来，对付大鱼最后的挣扎。鱼游过来了，他高高地举起渔叉，使出全身力气，把鱼叉扎进鱼腰里，鱼往上一跳，仰身朝天，银花花的肚皮翻到水面上来。他动手去拖鱼，绑紧它，用一个套索拴住尾巴，另一个套索拴住它的腰，把它摁在船旁边。他估计这条鱼足有一千五百多磅，如果净得三分之二，卖三角钱一磅，该赚多少钱啊！

死鱼的血水招来了鲨鱼。它们嗅出踪迹，顺着船和鱼所走的航线游来，大口大口地咬掉大鱼的肉。他都不忍心朝鱼多看一眼，它已经给咬得残缺不全了。他说："一个人并不是生来要给打败的，你尽可把他消灭掉，可就是打不败他。"他用渔叉扎鲨鱼，把刀子绑在桨把上去打鲨鱼，但鲨鱼来了一批又一批，来不及打退。他不忍心去想被撕得残缺不全的鱼肚子。他想：这一回它们可把我打败了，可是我只要有桨，有短棍，有舵把，就一定要揍死它们。

鲨鱼一次又一次冲来，老头儿用棍子揍。晚上，鲨鱼成群窜来，老头儿只见它们身上的鳞光，他不顾一切用棍棒劈去。他觉得有什么东西抓住了他的棍，随着棍就丢掉了。他拽掉舵把，两手抱住，一次又一次劈下去，但它们还是把鱼肉一块一块地撕咬了去。最后，一条鲨鱼朝死鱼的头上扑来，他知道一切都完了，他终于失败了，一点办法也没有。他只知道船走得很顺溜。

他驶进小港的时候，已经是半夜了。他上岸，回到茅棚，躺下睡觉。第二天，好多打鱼的站在船周围，望着死鱼的骨骼，一个人用绳子量了以后说："从鼻子到尾巴足有 18 尺长。"孩子先是哭，然后给他送来了热咖啡。他表示要跟老头儿一起出去打鱼。一根又粗又长的雪白的脊骨扔在垃圾堆里，只等着潮水来冲走。在茅棚里，老头儿又睡着了，孩子坐在一旁守着他。老头儿正在梦见狮子。

# 海明威演讲录

## 作家和战争

作家的任务是不会改变的。作家本身可以发生变化，但他的任务始终只有一个。那就是写得真实，并在理解真理何在的前提下把真理表现出来，并且使之作为他自身经验的一部分深入读者的意识。没有比这更困难的事情了，正因如此，所以无论早晚，作家总会得到极大的奖赏。如果奖赏来得太快，这常常会毁掉一个作家。如果奖赏迟迟不至，这也常常会使作家愤懑。

有时奖赏直到作家去世后才来，这时对作家来说，一切都已无所谓了。正因为创作真实、永恒的作品是这么困难，所以一个真正的优秀作家迟早都会得到承认。只有浪漫主义者才会认为世界上有所谓"无名大师"。一个真正的作家在他可以忍受的任何一种现有统治形式下，几乎都能得到承认。只有一种政治制度不会产生优秀作家，这种制度就是法西斯主义。因为法西斯主义就是强盗们所说出的谎言。一个不愿意撒谎的作家是不可能在这种制度下生活和工作的。

法西斯主义是谎言，因此它在文学上必然是不育的。就是到它灭亡时，除了血腥屠杀史，也不会有历史。而这部血腥屠杀史现在就已尽人皆知，并为我们中的一些人在最近几个月所亲眼目睹。一个作家如果知道发生战争的原因，以及战争是如何进行的，他对战争就会习惯。这是一个重要发现。一想到自己对战争已经习惯了，你简直会感到吃惊。

当你每天都在前线，并且看到阵地战、运动战、冲锋和反攻，如果你知道人们为何而战，知道他们战得有理，无论我们有多少人为此牺牲和负伤，这一切就都有意义。当人们为把祖国从外国侵略者手中解放出来而战，当这些人是你的朋友，新朋友、老朋友，而你知道他们如何受到进攻，如何一开始几乎是手无寸铁地起来斗争的，那么，当你看到他们的生活、斗争和死亡时，你就会开始懂得，有比战争更坏的东西。胆怯就更坏，背叛就更坏，自私自利就更坏。

在马德里，上个月我们这些战地记者一连19天目睹了大屠杀。那是德国炮兵干的，那是一场精心策划的屠杀。我说过，对战争是会习惯的。如果对战争科学真正感兴趣（而这是一门伟大的科学），对人们在危急时刻如何表现的问题真正感兴趣，那么，这会使人专心致志，以至于考虑一下个人的命运就会像是一种卑鄙的自爱。

但是，对屠杀是无法习惯的。而我们在马德里整整目睹了19天的大屠杀。法西斯国家是相信总体战的。每当他们在战场上遭到一次打击，他们就将自己的失败发泄在和平居民身上。在这场战争中，从1937年11月中旬起，他们在西部公园受到打击，在帕尔多受到打击，在卡拉班切尔受到打击，在哈拉玛受到打击，在布里韦加城下和科尔瓦城下受到打击。每一次在战场遭到失败之后，他们都以屠杀和平居民来挽回不知由何说起的自己的荣誉。

我开始描述这一切,很可能只会引起你们的厌恶。我也许会唤起他们的仇恨。但是,我们现在需要的不是这个。我们需要的是充分理解法西斯主义的罪恶和如何同它进行斗争。我们应该知道,这些屠杀,只是一个强盗、一个危险的强盗——法西斯主义所作的一些姿态。要征服这个强盗,只能用一个方法,就是给它以迎头痛击。现在在西班牙,正给这个法西斯强盗以痛击,像130年以前在这个半岛上痛击拿破仑一样。法西斯国家知道这一点,并且决心蛮干到底。意大利知道,它的士兵们不愿意到国外去作战,他们尽管有精良的装备,却不能同西班牙人民军相比,更不能同国际纵队的战士们相比。

德国认识到,它不能指望意大利,在任何一场进攻战中不能依赖这个盟国。不久前我读到,冯·布龙贝尔克参加了巴多略元帅为他举行的声势浩大的演习。但是,在远离任何敌人的威尼斯平原演习是一回事,在布里韦加和特里乌埃戈依之间的高原上,同第十一和十二国际纵队以及里斯特、康佩希诺和麦尔的西班牙精锐部队作战中遭到反攻并损失3个师,那就是另一回事了。轰炸阿尔美利亚和占领被出卖的不设防的马拉加是一回事,在科尔多瓦城下死7000人和在马德里的失败的进攻中死伤3万人则又完全是另一回事。

我开始时说过要写得好而真实是多么困难,说过能够达到这种技巧的人都一定会得到奖赏。但是,在战时(而我们现在,正不由自主地处于战争时期),奖赏是要推迟到将来的。描写战争的真实是有很大危险的,而探索到真实也是有很大危险的。我不确切知道美国作家中有谁到西班牙寻求真实去了。我认识林肯营的很多战士。但是,他们不是作家。他们只会写信。很多英国作家、德国作家到西班牙去了，还有很多法国作家和荷兰作家。

当一个人到前线来寻求真实时，他是可能不幸地会找到死亡的。如果去的12个人，回来的只是两个人，但是，这两个人带回来的真实，却将是实实在在的真实，而不是被我们当作历史的走了样的传闻。为了找到这个真实，是否值得冒这么大的危险，这要由作家自己决定。当然，坐在学术讨论会上探讨理论问题比这要安全得多。各种新的异端，各种新的教派，各种令人惊叹的域外学说，各种浪漫而高深的教师，对那些人来说，总是可以找到的，——他们也似乎信仰某种事业，但却不想为这个事业的利益而奋斗，他们只想争论和坚持自己的阵地，这种阵地是巧妙地选择的，是可以平平安安占据的。

这是由打字机支撑并由自来水笔加固的阵地。但是，对于任何一个希望研究战争的作家来说，现在正有，而且在相当长的时期内一直都会有可去的地方。看来，我们还会经历很多不宣而战的年代。作家们可以用不同的方式参加这些战争。以后也许会有奖赏。但是，作家们不必为此而感到不好意思。因为奖赏很久都不会来的。对此也不必特别寄予希望，因为，也可能像拉尔夫·福克斯和其他一些作家那样，当领取奖赏的时间到来时，他们已经不在人间了。

# ◎法捷耶夫

法捷耶夫（1901—1956 年），前苏联作家，出身于农民家庭，1918 年入党。1919 至 1921 年在远东参加红军游击队。从 1927 年起，一直在莫斯科从事文学运动，担任"拉普"（俄罗斯无产阶级作家协会）、全苏作协领导工作，1956 年自杀。1924 年发表中篇小说《泛滥》，1927 年完成《毁灭》，1933 年发表短篇小说《逆流》。30 年代创作了《最后一个乌兀格人》和《黑色冶金业》。1957 年发表论文集《三十年间》。

法捷耶夫

早期作品《泛滥》《逆流》和《毁灭》，是他亲身参加革命斗争实践的产物。它们都以国内战争为题材，以共产党员的战斗生活为主要描写对象。《毁灭》精心刻画了莱奋生光辉形象，鞭挞了美契克极端资产阶级个人主义的动摇叛变。毛泽东《在延安文艺座谈会上的讲话》曾极力赞美这部小说。1941年卫国战争爆发后,他任《真理报》和新闻通讯社记者,发表充满战斗激情的政论文章和特写《封锁时期的列宁格勒》。

1945年创作《青年近卫军》。小说通过克拉斯顿诺共青团地下组织"青年近卫军"同德寇英勇斗争的故事,歌颂了苏联人民的爱国主义和革命英雄主义精神,塑造了性格各异、栩栩如生的青年英雄形象。法捷耶夫是斯大林的忠实崇拜者,在赫鲁晓夫夺权并对斯大林进行不公正的翻案和所谓反思后,苏联思想界一片混乱,法捷耶夫被专制撤职,受到残酷打击,最后在精神压力和对手排挤之下自杀,坚决不与反对斯大林之流为伍。

## 《毁灭》故事梗概

小说以十月革命后远东游击队的战斗生活为背景。这支部队是由农民、工人及革命知识分子组成的,主要活动于西伯利亚一带。在1919夏秋之间,红军游击队同日寇和匪帮进浴血奋战,在敌强我弱的形势下,幸存的19名战士,仍然战斗。游击队长莱奋生率领游击队,在濒临毁灭的险境中,幸存的19名战士临危不惧,浴血奋战,终于杀出重围,完成战斗任务。

作品塑造了布尔什维克党的组织者和领导者莱奋生的形象，表现了党在革命中的作用；展示了劳动者巴克拉诺夫、美杰里察、莫罗兹卡等人在革命中成长的过程；鞭挞了资产阶级个人主义。高尔基称赞这部"纪念碑的小说"，"提供了国内战争的广阔的、真实的画面"。

1919年，苏联国内战争十分激烈。一支共产党领导的游击队在西伯利亚滨海的苏区活动。队员莫罗兹卡准备去军医院看望妻子华理亚。这时，队长莱奋生接到命令，便派莫罗兹卡给部队送信，莫罗兹卡拒绝了队长莱奋生的命令。莱奋生要莫罗兹卡交出枪离开游击队。莫罗兹卡意识到这是个错误，立即飞身上马执行任务去了。途中，莫罗兹卡救出了被白匪追赶的游击队员美蒂克。

美蒂克对矿工出身的游击队员很是瞧不起，觉得他们粗鲁、没文化。而矿工出身的游击队也瞧不上美蒂克。虽然莫罗兹卡救了他，但是仍然不喜欢美蒂克。游击队长莱奋生个子矮小，但在游击队里威信很高，他的一言一行、一举一动都被认为是特别正确。这时，莱奋生召集军民联席会对莫罗兹卡进行教育，他在执行任务归途中，偷吃了村里的瓜。副队长巴克拉诺夫，对于队长的样子，则是完全学习、模仿。莱奋生多次想对巴克拉诺夫指出这是个不好的习惯，但由于眼前斗争十分激烈，这件事暂时搁置起来。

这时，游击队主力在城区遭到日寇的袭击，伤亡重大，为了避免更大的损失，游击队参谋长给莱奋生写了一封信，告诫他要保存斗争力量，以作为将来发展的力量。莱奋生奉命撤离队伍。美蒂克在医院养伤，认识了华理亚。两人经常在一起聊天，华理亚对美蒂克逐渐产生了好感，有这样

一位年轻、漂亮的人陪伴是多么的幸福。华理亚把希望寄托在美蒂克身上。游击队在转移之前,莱奋生派莫罗兹卡给医院院长送来一封信,莫罗兹卡到了医院后,得知妻子与美蒂克的私情,很是气愤,但又一想华理亚在新婚之夜时曾同别的男人在一起睡觉,莫罗兹卡心潮澎湃,想与这个轻佻的女人分离。当他赶到渡口时,看见农民乱糟糟地涌向渡口逃跑,他果断地制止了这场骚动。回到部队莫罗兹卡发现,自己因为一时冲动,没有带回回信,他觉得自己不是一个合格的传令兵,于是申请回部队做了一名战士。

游击队里的战士最近一段时间里,既懒惰又松懈。队长莱奋生决定通过一次夜间紧急集合来整顿一下队员,以检查战备的情况。紧急集合开始,队员迟迟不见来到。各小队都是人员不整齐。莱奋生很不满意,批评队员这种涣散的作风,辜负游击队员的光荣称号。如果日军要来袭击,我们的人员就会被杀掉。队员们被莱奋生的话语打动了,很佩服队长。

部队开始转移了。美蒂克出院后,带着对华理亚的感情,决定开始新生活,他尽量让自己的皮肤暴露在外边,好让太阳晒黑,这样就像一个真正的游击队员了。但是美蒂克对工作很不负责任,对分给他的马不满意,小队长讲解的养马的知识,他一句也没有听进去。他的马长满了疖疮。虽然他学会了不怕人,顶撞人,皮肤晒黑了,衣服不整齐,可是思想感情上与大家还是格格不入,队员们说他仍然是一个傲慢而懒惰的人。

游击队转移到一个偏僻安全的地方了,但是和部队失去了联系,孤军奋战是很危险的。队长莱奋生清楚地认识到,如果是这种情况持续的话,他的队伍不是被敌人消灭,就会被队员们绝望的情绪瓦解。游击队必须做

· 101 ·

好战斗准备，主动出击。这时，乌苏里江一带已经被敌人占领了，白军多次和游击队遭遇。敌人增派部队步步向伊罗子河逼进。莱奋生虽然这时组织游击队主动出击，在铁路线上设下埋伏，炸毁铁路，袭击敌人的军用列车，缴获了大量的军衣、弹药等物资。可是侦察员回来报告的情况总是与现实情况不符合，使莱奋生无法确定战斗的对策。莱奋生决定派副队长和美蒂克去侦察，一方面能获得可靠的情报，另一方面给美蒂克一次锻炼的机会。

副队长和美蒂克出发了。他们刚进入村子中就和日军遭遇上了。美蒂克十分佩服副队长的勇敢，这次任务美蒂克也给副队长留下了很好的印象。莱奋生带领游击队撤到森林去了。敌人步步紧逼围剿。游击队因缺少粮食再次转移，当游击队到达山谷的医院时，伤亡严重，相继死去了不少人。美蒂克对游击队的前途彻底绝望了。他想逃离队伍，回到城里去生活。

游击队继续转移，莱奋生派出了美迭里札去侦察前方的情况。他再次进入村子里的时候，在敌人中队长的窗下被捕，敌人开枪打死了他。美迭里札的未归，莱奋生预感他遇到了不幸。他率领游击队冲进村，敌人被击退了。莫罗兹卡和华理亚再次相逢，两人重归于好。敌人前来报复，情况万分危急，顽强抵抗，终于突围脱险。然而，在撤退的途中，游击队再次遭到伏击，美蒂克当了逃兵。莫罗兹卡被敌人打死。莱奋生看到身边只剩下了18名队员，他再也忍不住了，泪水掉落下来。他带领队员走出森林，他想一定要把这些人锻炼成新的战士，继续战斗。

## 法捷耶夫的人生

1956年5月13日,以著名长篇小说《毁灭》和《青年近卫军》饮誉世界的苏联作家法捷耶夫,突然开枪自杀。消息传出,世人无不震惊。

1901年12月24日,法捷耶夫出生在特维尔省基姆雷市。他的父母都是革命者,两人的结合颇具浪漫色彩。法捷耶夫的父亲是位乡村教师,民意党人,积极参加革命活动。1897年在他被捕坐牢时,有位年轻姑娘前来探视,自称是这位犯人的未婚妻。原来她是彼得堡医士学校的学生,受彼得堡社会民主党人之托,给他捎信,送日用品。

不久两人产生感情,她真的成了他的未婚妻。一年以后这位民意党人出狱,被流放到阿尔汉格尔省,姑娘也跟随他去了,两人在那里结了婚。这时年轻夫妇由于生活所迫不得不四处漂泊。后来他们有了3个孩子,生活更加贫苦,全靠从医的母亲的工薪勉强维持。父亲认为家庭影响了他的革命活动,1905年以后与家庭完全脱离关系,1916年死于肺病。

母亲一个人支撑着整个家,仍然积极从事革命活动。后来她结识了一位医生,社会民主工党成员。1907年,这位医生便成了法捷耶夫的继父,他同法捷耶夫及其兄弟姐妹相处得十分和睦、融洽,全家生活虽然穷困,但却洋溢着幸福和欢乐。法捷耶夫家常年颠沛流离,最后定居在远东的楚

古耶夫卡镇。父母边行医边种地。1914年第一次世界大战时，继父应征入伍，在部队做医务工作，1917年在前线患传染病逝世。

1910年，法捷耶夫在楚古耶夫卡乡村小学毕业后，到海参崴商业学校读书，寄居在姨妈家里。他的功课很好，尤其文学课更是突出。姨妈是位布尔什维克党党员。从布尔什维克党在远东地区开展活动起，她家就是活动中心之一。法捷耶夫的两位表哥也都是革命者。后来，在1920年大表哥被日本武装干涉者俘虏后扔到火车头的锅炉里活活烧死，二表哥则于1921年一次战斗中与敌人同归于尽。这些都对法捷耶夫有深刻的影响。

在海参崴，法捷耶夫度过了一个快乐的少年时代。他有一群独立不羁、朝气蓬勃的小伙伴，其中还有几个女孩子。他们经常聚集在一起，玩耍、赶海、唱歌、互诉心曲、畅谈理想。法捷耶夫爱上了一个叫亚历山德拉的少女，而对方比他略大几岁，她并没有注意到这个小男孩对自己的一片痴情。法捷耶夫暗暗苦恋了她4年，始终没有勇气向姑娘吐露自己的心迹。

早在十月革命前，法捷耶夫就积极参加了革命活动。1918年6月海参崴发生反革命叛乱后，当自卫军和外国武装干涉者的乌云笼罩着远东时，转入地下的共产党组织主要通过工人红十字会进行活动。法捷耶夫参加了工人红十字会的工作，同年9月加入共产党。1919年春天，红军在东方战线开始反攻，游击运动在远东白军的后方蓬勃开展起来。进步青年纷纷响应党的号召，走向原始森林参加游击队，法捷耶夫便是其中之一。从此他同可爱的阿霞（亚历山德拉的昵称）永远地分手，天各一方了。

第二年法捷耶夫由游击队转入红军，并担任政委。1921年3月18日，

· 104 ·

在平息喀琅斯塔得要塞叛乱的战斗中,他腿部负重伤,倒在芬兰湾的冰天雪地里,几个小时以后才被战友发现,把他送进彼得格勒医院。在治疗期间他得知阿霞已经结婚,而举行婚礼的日子恰恰是他负伤倒在喀琅斯塔得荒郊野外的那一天。最初他极度伤心,经过一个星期的痛苦折磨,他终于下定决心,斩断情丝。

伤愈后,法捷耶夫复员,1922年进入莫斯科矿业学院读书,与此同时他开始了文学创作。战斗的青少年时代所积累的生活体验,为他的创作活动提供了丰富的素材,1923年他发表了中篇小说《泛滥》《逆流》。1924年法捷耶夫还没结束学业,便被调离学校去做党的工作,先在克拉斯诺达尔任地区党委书记,后调往罗斯托夫任北高加索边疆区党委会出版部主任,兼任边疆区机关报《苏维埃南方报》编辑。

1926年11月,法捷耶夫被调往莫斯科,从而开始了职业作家的生涯。他发表了许多反映远东地区社会主义建设的短篇小说,并开始构思长篇小说《最后一个乌兑格人》。这是一部革命史诗,有独特的艺术风格。作者在广阔的历史背景上和错综复杂的斗争中,描写十月革命前期和国内战争时期远东地区阶级斗争的复杂情况。

从1924年起法捷耶夫就参加了北高加索地区的"拉普"①(①"俄罗斯无产阶级作家联合会"的俄文缩写译音),调到莫斯科后成了"拉普"主要领导人之一。他曾提出大量错误的观点,例如"打倒席勒"就是其中之一。1932年4月,联共(布)中央作出《关于改组文学艺术团体》的决议,"拉普"宣布解散。法捷耶夫真心实意地接受中央决定,而且对自己过去的错误观点进行了检讨。1934年苏联作家协会成立,高尔基任主

席，法捷耶夫当选为主席团委员、副主席，从此他一直是作协领导人之一。

卫国战争期间，法捷耶夫以《真理报》战地记者身份奔赴前线，写了十几篇寄自前线的特写和速写，两次往来于被围困的列宁格勒，1944年出版了特写集《在封锁日子里的列宁格勒》，1945年完成巨作《青年近卫军》。这部小说被称为苏联文学史上的里程碑。它也是法捷耶夫创作生涯的巅峰。从20世纪30年代起，法捷耶夫便是苏联文学界的领导人物，先后出任苏联作协主席团成员，作协书记、作协总书记兼主席，直到去世他的头衔仍是作协书记处书记。

然而在这辉煌的背后，法捷耶夫还有些什么别的不为人所知的事情呢？大清洗开始于20世纪30年代中后期，许多作家和艺术家惨遭迫害。1936年高尔基逝世后，作协总书记的职务由斯塔夫斯基担任，一直到1939年法捷耶夫才接替斯塔夫斯基。然而不是所有的人都记清具体年代，往往将那场灾难的罪责归咎于法捷耶夫一个人。1946年联共（布）中央开展了一场批判女诗人阿赫玛托娃和作家左琴科的运动。原作协主席吉洪诺夫因"纵容"阿赫玛托娃和左琴科、"未与之斗争"而被撤职，由法捷耶夫接任作协主席兼总书记。

法捷耶夫成了作协的第一把手，由于官职的高升，他不能不过着两重人格的生活。在批判大会上作报告时，他严厉谴责阿赫玛托娃和左琴科为"阶级异己分子"。可是实际上，在他的良知中，这两位作家根本不是敌人，但他又不得不这样做，这是很矛盾的。这种矛盾还表现在他对待其他一些人和事上。

· 106 ·

在1946年文艺界的批判运动中，作协召开青年作家代表大会，与"阶级敌人"争夺青年作家。会上法捷耶夫批评了诗人帕斯捷尔纳克："不问政治，无思想性，脱离人民群众生活。"可是就在这个大会开过没几天，他同爱伦堡聊天时忽然说："您想听听真正的诗歌吗？"接着便朗诵起帕斯捷尔纳克的诗来。在朗诵过程中，他偶尔停下来问问对方："写得好吗？"

人们不禁要问：他怎么这样出尔反尔呢？不过也很容易找到答案：作为一个忠心耿耿的共产党员，他时刻以严格的组织性、纪律性要求自己，绝对服从上级指示，这就导致他常常做出一些违心的事来。法捷耶夫毕竟是个善良的人。他十分同情在大清洗中被处决的著名戏剧家梅耶荷德。为了发表被镇压的诗人曼德尔施担姆的作品，以及刚从集中营出来的作家哈里的小说，他费尽心血，虽然两件事都毫无结果。1956年3月，也就是他自杀前一个多月，阿赫玛托娃为她的儿子列夫因"是被镇压的诗人古米廖夫之子"这一罪名而坐牢多年，来请求法捷耶夫伸张正义。

法捷耶夫的婚恋也不尽如人意。少年时代，他十分迷恋少女亚历山德拉，然而亚历山德拉只把他当作是一个可爱的小弟弟。随后革命的狂风巨浪把他们吹散了。参加革命工作后，法捷耶夫曾给亚历山德拉写过信。但因战乱，她已离开家乡，没有收到他的信，从此联系中断，音信皆无。法捷耶夫将这位初恋的女友同他欢乐的青春紧紧联系在一起，永远珍藏在心间。

亚历山德拉爱上了另一个青年，他们结了婚，但婚后并不幸福。后来亚历山德拉回到故乡当中学教师，这时法捷耶夫已成为驰名全国的大作家，为此亚历山德拉十分欣喜与骄傲。直到1949年，也就是他们阔别30

年后，她才给他写信，而此时的法捷耶夫已经历了两次婚姻。收到亚历山德拉的信，他万分激动。青春年华的美好回忆，情窦初开时那缕缕柔情，一齐涌上他的心头……他给她写了一封宛如散文诗般优美动人、充满真挚感情的回信。从此两人书信往来，一直保持到法捷耶夫逝世。这就是苏联文学史上有名的事件："法捷耶夫致青年时代的女友"。

法捷耶夫写给亚历山德拉的信充满柔情，充满温馨，他倾诉了内心最诚挚的感情。因此这些信公开发表后，在读者面前出现了一个完全崭新的、鲜为人知的法捷耶夫。所说："咱俩就这样搭错了车，眼睁睁地互相望着，各自走开了。"至于法捷耶夫的两次婚姻呢，情况大致如下：

1925 年他与格拉西莫娃结婚。这位女作家虽然只有 22 岁，但当时已经小有名气。她是一个热情、善良、感情丰富、才华出众的女人。法捷耶夫在创作《最后一个乌兑格人》时，把格拉西莫娃的外貌和性格作为小说中的一个人物——莲娜的原型。但是几年后他们的夫妻生活就出现了危机，1932 年终于离异，然而两人一直保持着深厚的友谊。法捷耶夫自杀身亡后，格拉西莫娃写了一篇充满激情的回忆录，热烈地为她所爱的人辩护……

法捷耶夫第二次结婚是在 1936 年，他的第二位妻子是著名女演员斯捷潘诺娃。法捷耶夫夫妇曾拥有一段充满天伦之乐的幸福的家庭生活。可是到了法捷耶夫逝世前二三年，他俩又分居了，其中原委不为世人所知。也就是从那时候起，他的秘书发现他已经写有遗书。晚年的法捷耶夫形单影只，无限孤独与苦闷。

1953 年 3 月斯大林病死。1956 年 2 月苏共第 20 次代表大会召开。赫

· 108 ·

鲁晓夫作了总结报告,会后还作了一个秘密报告,揭露斯大林的暴行,这些都是法捷耶夫以前闻所未闻的。在 20 大上发言的作家有苏尔科夫、肖洛霍夫。肖洛霍夫的态度十分激烈,他说:"作协已经蜕化成一个行政机构,由权欲熏心的法捷耶夫把持着。在工作中他不愿考虑集体领导的原则。"

这番话令法捷耶夫十分伤心。他拼命喝酒,以酒浇愁。爱伦堡曾试图劝慰和鼓励他,对他说:"你比我整整年轻 10 岁,还能写好几部长篇小说呢!"法捷耶夫摇摇头,叹气说:"发动机出了故障……"他依旧嗜酒如命。他酗酒的历史恐怕已有一二十年了。所以在他自杀后,就成了官方最好的把柄——"酒精中毒"。当作协工作人员看到讣告如此污蔑自己的领导人时,都不禁失声痛哭。1990 年 1 月,当年赫鲁晓夫矢口否定存在的法捷耶夫遗书——"致苏共中央",终于公之于世。信中表露了法捷耶夫对赫鲁晓夫等人的不满:

"我一生为之献身的艺术被自信而又无知的党的领导人所扼杀,如今已无可挽回。……文学——这个新制度的最高成就被贬低,受伤害,遭摧残。那些靠伟大的列宁学说起家的暴发户们使我彻底丧失信心。即使他们以列宁学说发誓,也使我难以信任……作为作家,我的生命已失去任何意义。在生活里我遇到的是卑劣行径、谎言欺骗与造谣中伤,因此我犹如渴望从邪恶中得到解脱那样乐于结束人生。我的最后愿望是向管理国家的人说出这一切,但是足足有 3 年之久他们不肯接见我,尽管我多次提出这样的请求。请把我埋葬在我母亲的墓旁。"最终,法捷耶夫为维护斯大林的尊严与自己的尊严而自杀。

# ◎小林多喜二

小林多喜二

小林多喜二（1903—1933年），别名乡利基、堀英之助、伊东继，日本无产阶级文学的代表作家、小说家。是日本无产阶级文学运动的领导人之一。生于日本大馆市。从小家境贫穷，在日本北海道小樽高等商业学校毕业后，在北海道拓殖银行工作。1929 年发表《在外地主》小说，遭银行开除。1924 年与友人创办《光明》杂志。1927 年参加了"工农艺术家联盟"。1927 年前创作了短篇小说《小点心铺》《腊月》《杀人的狗》，表现了处于社会底层的劳动人民的悲剧命运。

1928－1829 年，积极参加日本共产党领导下的文学运动，写出了第一部长篇小说《防雪林》、中篇小说《蟹工船》和《在外地主》等作品。

《蟹工船》描写了非人环境下渔工从自发到自觉的斗争，成为了无产阶级文学奠基作品之一。1930年，加入日本共产党。以后写了《沼尾村》《为党生活的人》等中短篇小说，表现了日本的工农运动和日本人民反侵略战争的斗争，塑造了一批革命者形象。《为党生活的人》塑造了血肉丰满、感人至深的无产阶级知识分子安治的光辉形象，生动地表现出革命者艰苦的自我改造过程，达到了小林多喜二创作的最高点。

在创作上，小林多喜二以藏原惟人倡导的"无产阶级现实主义"为指导，注重通过细节刻画人物，文风质朴，语言简练，感情深沉。1932年以后，党的组织和革命文艺团体遭到敌人的严重破坏，小林多喜二转入地下革命文艺工作。1933年2月20日，在一次秘密联系中不幸被军警特务逮捕，当晚被迫害致死。

## 日本无产阶级小说家

小林多喜二是优秀的共产党员，日本无产阶级文学运动的坚定领导者，杰出作家。他生于贫农家庭，少年时代即开始参加劳动。青年时期，在伯父资助下，毕业于日本北海道小樽市高等商业学校，1924年入北海道开发银行当职员。因他在长篇小说《在外地主》中，利用银行的资料揭露银行勾结地主剥削农民的罪行，于1929年11月被开除。1930年2月迁到

东京，成为职业革命家和作家。次年10月参加日本共产党。从那以后成为日本革命作家组织的主要领导人。1932年4月被迫转入地下。次年2月22日，与同志秘密接头时不幸被捕，坚持斗争达三个多小时，牺牲于敌人的残酷刑讯。

小林多喜二从事创作的时期，正值苏联十月革命胜利的光辉照遍全球，日本从第一次世界大战后发展起来的慢性经济危机愈益严重，人民生活日趋贫困，阶级斗争更加尖锐。日本反动政府对内推行所谓产业合理化政策，加重压迫和剥削广大工农，对外加紧准备侵华战争，以解决国内矛盾，实现扩张主义。1922年成立的日本共产党领导广大工农群众奋起同地主资产阶级展开斗争，并使斗争向着打倒天皇制反动政府，反对发动侵华战争的方向发展。

小林多喜二的创作同日本的阶级斗争的形势密切联系，大致可以分为三个阶段。第一阶段，从1919年到1927年，为习作和初期阶段。这一时期，马克思主义开始传入日本，广大工农群众面对地主资本家的压迫和剥削，逐步觉醒，自发地走向反抗的道路。小林多喜二这一阶段的主要作品《泷子及其他》《牢房》等，就是站在劳动人民的立场，揭露这种双重压迫和剥削，描写劳动人民的这种自发反抗的。其内容观点鲜明，感情浓烈，有较强的感染力；但是，作品中的人物在反抗中却尚找不到正确的出路。

第二阶段，从1928年到1929年，为探索和逐步提高阶段。阶级斗争的形势进一步蓬勃发展，工农群众在日本共产党领导下找到了正确的前进方向，展开大规模有组织的斗争，迫使阶级敌人惊慌失措，开始进行更残酷的镇压。1928年元旦，小林多喜二在日记中宣称自己已成为马克思主义

者,连续发表《一九二八年三月十五日》《东俱知安行》《蟹工船》和《在外地主》等小说,在无产阶级文学运动的高潮中发出了最强音。取材于日本反动政府镇压革命运动的"三·一五事件"的《一九二八年三月十五日》,通过几个共产党员工会领导干部的被捕、受刑和判刑的全部过程,熔铸了几个革命家在严峻考验面前大义凛然的光辉形象。一个人物就如一团烈火,光彩照人,炽热灼心。

长篇小说《蟹工船》,描写被用欺骗手段招雇到"蟹工船"上参加季节性捕蟹和生产蟹肉罐头劳动的工农群众——失业工人、贫苦农民和青少年失学学生等,在监工的残酷压迫下从事十分沉重而危险的劳动,处境极为悲惨。几次残酷迫害使他们发现:与其等着被折磨死,不如起来斗争。于是高喊"不愿被宰割的人联合起来"的口号,打翻监工,捣毁办公室,举行罢工,提出条件,限期回答。这场大搏斗尽管遭到工人们曾一度寄以幻想的日本海军的镇压归于失败,但使工人们认识到,工人不劳动,资本主义生产就不能进行,资本家就活不下去,侵华战争也就无从发动。因而,这次失败了,还要"再来一次"。日本工人阶级不畏强暴,敢于斗争的伟大气魄跃然纸上。

作者在《蟹工船》之前完成的长篇小说《防雪林》,比较生动地镂刻了一个心地善良、生性粗鲁、行动勇敢的贫苦农民的形象;他跟农民一起同地主进行斗争,最后难以忍受迫害,而采取单独行动,放火烧了地主的住宅。但是,小林多喜二对自己的作品的思想性要求非常严格,可能是由这篇小说表现了这个人物脱离群众的个人蛮干,而毅然没有发表,并继《蟹工船》之后,把它改写为《在外地主》。它写的是,贫苦农民同地主展

开要求减免地租的斗争,逐步提高觉悟。后来在斗争处于不利的情况下得到工人阶级的领导和帮助,改《防雪林》那种个人报复行动为工农联合起来进行集体斗争,而取得一个战役的胜利。这就克服了《防雪林》主人公的那种无政府主义倾向,思想性大有提高。但是艺术性方面,诸如人物形象的细致完整和鲜明生动等,虽已开始改变《蟹工船》那种"描写集体"的写法,初步刻画出几个人物的个性,却仍然不如《防雪林》。这使小林多喜二进一步认识到,既必须十分重视作品的思想性,又需要不断地致力于艺术性的提高,力求做到思想性与艺术性的高度结合。

第三阶段,从1930年到1932年。这是日本反动政府从积极准备到悍然发动侵华战争,对内疯狂镇压革命运动,阶级斗争十分尖锐复杂的阶段。小林多喜二的革命斗争和创作活动,也在极为艰险的条件下坚持进行,创作水平提高到一个新的阶段。这一阶段,他胸怀远大理想和革命激情连续写出《工厂党支部》《组织者》《安子》《转折时期的人们》《沼尾村》《地下党员》和《地区的人们》等作品。这些作品除前两篇外,都是未完成的长篇小说的第一部。

《地下党员》是小林多喜二和日本无产阶级文学具有代表性的杰作。它是作者1932年4月在日本帝国主义者悍然发动侵华战争,对内加紧法西斯镇压的关头,被迫转入地下斗争,在敌人搜捕和叛徒告密等"交叉火力的进攻"下,挤时间于当年8月完成的。它饱蘸浓墨描绘了第一人称的"我"和战友须山、伊藤等三个共产党员在这种险恶形势下,深刻地认识自己所应怀有的觉悟、所应坚持的态度、所应采取的行动,以不怕牺牲、勇往直前的彻底革命精神投入斗争的光辉形象。

这里是一个军需工厂。这个厂先是为了赶制防毒面具和飞机零件,除200个正式工人外,雇用了600个临时工人。后来,生产任务逐渐完成,又计议裁减临时工人。"我"领导另外两个同志潜入工厂发动工人,以反对无理裁员为当前斗争口号,宣传革命思想,击破社会法西斯分子美化侵华日军而发动工人开展慰问活动的阴谋,揭露日本帝国主义占领我国东北的反动本质。这个斗争迅速发展,日益尖锐,我们掌握了厂方要宣布裁员的情报,决定在其前一天组织工人举行大罢工,但又由于厂方先发制人,在举行大罢工前一天宣布解雇工人,致使斗争遭到失败。

小说写出了这场斗争的错综复杂和惊心动魄,写出了在失败中孕育着胜利的结尾:没有被裁减的工人里"还留下两个同志,被解雇的工人就要分散去找新的工作。……只要以后跟他们保持联系,我们的斗争范围就反而会急速扩大起来。……他们认为,先下手就可以打乱我们的工作;可是却没料到,正是他们自己的手散播了我们培育的种子。"如今,我们"正用更大的精力开展新的工作……"。

这篇作品中,写我的思想解剖,写我与母亲的关系以及同母亲会面的场景,既坚持了革命的原则,又抒发了母子间的亲密感情。母亲十分爱儿子,对儿子的革命活动,从不十分理解到坚决给以支持。在这里表面上似乎突出了我的精神境界的崇高,对母亲说来处于教育者的地位;而母亲的坚毅刚强和对我的深厚理解、热烈爱护,实际上使我处于受教育、受鼓舞的地位。这就生动地写出了母子间的革命关系,从而也阐发了党员和群众之间的鱼水情谊,党员形象的高大来源于群众的觉悟和支持。

小林多喜二一生常常在作品中、日记中解剖自己的思想和作品,读来

给人以深刻的启发和强烈的感动。他认为自己无论在思想改造上、在革命和创作实践上，还都处在刻苦锻炼和认真探索的过程。可以看到，更迅速的成长、更巨大的成就，都在等待他去攫取。但是阶级敌人过早地夺取了他宝贵的生命。毫无疑问，这是日本无产阶级革命和文学运动的巨大损失！

小林多喜二的一生，是认真学习马列著作，理论结合实践，不断严格解剖自己，刻苦改造世界观，从劳动人民的人道主义走向共产主义的一生；是全心全意同工农共命运，深入工农，歌颂工农，在艺术上不断创新，在创作上不断发展的一生；是同阶级敌人顽强战斗，同变节投降派行为进行韧性斗争，对右倾倾向和落伍分子坚持说服教育的一生；是在20世纪二三十年代日本帝国主义疯狂向外扩张的严峻时刻，始终高举国际主义旗帜，同中国人民共同反对侵略的一生。他走过的道路，是日本革命作家的正确道路；他前进的方向，是日本革命作家的正确方向。

# ◎伏契克

伏契克（1903—1943年），捷克斯洛伐克优秀的共产主义战士、民族英雄、革命的新闻工作者、作家、文学戏剧评论家。1903年2月23日，诞生在布拉格的一个工人家庭。从小喜欢戏剧，后进入布拉格大学文学院攻读文学。青少年时期的伏契克热爱工人和其他劳动群众，憎恶反动的、贪得无厌的资产阶级。

1921年5月捷克斯洛伐克共产党刚刚成立，18岁的伏契克就加入了党的队伍。他长期从事新闻工

伏契克

作，曾任捷共中央机关报《红色权利报》编辑和党的文化刊物《创造》主编等职。1929年，撰文揭露和控诉资本主义给工人带来失业、贫困和死亡的罪恶。他把报刊作为工人阶级争取实现社会主义的斗争武器。希特勒吞

并捷克斯洛伐克后,伏契克在布拉格等地从事反抗纳粹的地下活动。

1942年4月24日,伏契克因叛徒告密而被德国盖世太保逮捕。1943年9月8日,他高唱《国际歌》在柏林西北郊的勃洛琛斯监狱英勇就义。狱中,伏契克坚贞不屈,用钢笔头在碎纸片上写成一笔宝贵的精神财富《绞刑架下的报告》。"人们,我是爱你们的!你们可要警惕啊!"这是他留给后人的珍贵箴言。

## 监狱里的勇士

在腊文斯勃鲁克集中营里,尤利乌斯·伏契克,《红色权利报》和《创造》杂志的编辑,于1943年8月25日在柏林被纳粹法庭判处死刑。他后来的命运怎么样,回答这个问题的,只有集中营四周高墙的回声。1945年5月,希特勒德国失败后,一些法西斯匪帮还没来得及折磨死或屠杀掉的囚犯们,从监狱和集中营里被解放出来。尤利乌斯·伏契克于1943年9月8日,就是判决后的两个星期,在柏林被处死了。

伏契克,捷克斯洛伐克新闻工作者、作家。1918年参加青年社会主义联盟"青年一代"。1919年领导比尔森的社会民主党马克思主义左派组织,并成为该党青年组织的刊物《真理》的成员。1921年加入捷克斯洛伐克共产党。同年秋进入布拉格查理大学哲学系学习。1922年,在《真理》杂志上发表评论捷克斯洛伐克诗人沃尔格尔的剧本《最崇高的牺牲》,热情讴歌剧本描写的索尼亚为革命利益而牺牲自己生命的献身精神。1923年任《社会主义者》报的编辑。1925年任《先锋》刊物的编辑。同年在捷共中央机关报《红色权利报》发表文章,指出现代文化艺术的进步有赖于工人运动的发展,强调文学艺术要为党领导的革命斗争服务。1926年夏,写了记述法国海滨城市布列塔尼渔民的罢工斗争的见闻。同年任《树干》杂志主编。1929年任《红色权利报》编委,并任捷共《红色晚报》的编委。11月任捷共的文艺政治评论周刊《创造》的主编。

1930年春,去苏联进行了4个月的访问,回国后写了《在明天已变成昨天的国土上》一书,歌颂世界上第一个社会主义国家。因此遭到反动当局逮捕入狱。1932年春出狱后,到捷克北部摩斯特矿工人罢工现场报到罢工真相。同年秋,被迫服兵役。1934年6月到慕尼黑进行采访,考察希特勒法西斯化的情况。同年8月以《红色权利报》记者身份再次访问苏联,在将近两年中写了许多报道,汇编成《在亲爱的国土上》一书。1936年6月初,回国后用笔名发表文章,揭露把祖国出卖给德国的国内外资产阶级,颂扬苏联是捷克人民的同情者。

1938年10月21日捷共的刊物被反动当局查封,伏契克化名为《图画世界》《蜜峰》《新自由》《行动》等刊物写稿,以生动的语言,追忆光荣的传统,激励人民的爱国斗志。写了《战斗的聂姆措娃》《论沙宾纳叛变》等著名作品。1941年,捷克地下中央委员会被破坏后,和其他共产党员组织了新的地下中央委员会,并负责政策指导和新闻宣传工作。1942年4月24日,被叛徒出卖,在布拉格被捕。

关在布拉格近郊的庞克拉茨监狱。伏契克在法西斯的监狱里被严刑拷打，在随时都可能被处以绞刑的情况下，用血写成了不朽之著《绞刑架下的报告》。他写道："我爱生活，为了它的美好，我投入了战斗"。"永远不要让我的名字同悲伤连在一起。……我为欢乐而生，我欢乐而死。"他要求幸存者：不要忘记好人，也不要忘记坏人。爱那些为着他人也为着自己而牺牲的人。向人们揭示了人生的意义："每一个忠实于未来、为了美好的未来而牺牲的人都是一座石质的雕像。而妄想阻挡革命洪流的腐朽过时的人，即使他现在戴着金色的肩章，也只能是一个朽木雕成的木偶。"该书最后一句话是："人们啊，我爱你们！你们要警惕呵！"1943年9月8日被杀害于狱中。1950年在华沙举行的世界保卫和平大会上，追赠伏契克国际特别荣誉和平奖金。

## 伏契克文章选段

候审室发黄的墙壁，望得眼睛发花，——说实在的，这不是最便于思索的姿势。可谁能强迫思想也规规矩矩地坐着不动呢？曾经有人——大概永远也无从知道是什么时候和什么人——把佩切克宫里的这个候审室叫做"电影院"。真是天才的比喻！一间宽敞的房间，放着六排长凳，凳子上直挺挺地坐着受审的人，他们面前是一面光秃秃的墙，犹如电影院的银幕。

把全世界所有制片厂摄制的影片加在一起，都远没有从这些等待着新的拷问、新的折磨和死亡的受审者的眼睛里映射在这墙壁上的影片多。

这是关于全部生活和生活里极其细微的情节的影片，是关于母亲、妻子、孩子和被摧毁的家园、被毁灭的生命的影片，是关于坚贞的同志和叛变的行为、关于把传单传递给某人、关于流血牺牲、关于交付委托时紧紧握手的影片，是充满恐怖和决心、憎和爱、苦痛和希望的影片。这里的每个人都和生活绝了缘，每天都有人眼睁睁地死去。并不是每个人都能重获新生。

我在这里成百次地看了关于我自己的影片，成千次地看了这部影片的细节，现在我尝试着把它叙述出来。如果还没等我讲完，绞索就勒紧了的话，那么千百万还留在世上的人，自会续完它那"happyend"。①

---

① 英语："幸福的结局"

## ◎奥斯特洛夫斯基

奥斯特洛夫斯基（1904—1936年），苏联著名无产阶级革命作家。出生于乌克兰一个贫困的工人家庭。10岁开始做工，饱尝贫穷生活的痛苦。1919年加入共青团，随即参加国内战争。1920年因重伤转业到劳动战线，1924年加入共产党。1927年全身瘫痪，双目失明。1932－1935年，以惊人的毅力和顽强的精神，在病榻上创作了长篇小说《钢铁是怎样炼成的》，受到同时代人的真诚而热烈的称赞。

奥斯特洛夫斯基

1934年，奥斯特洛夫斯基加入苏联作家协会。1935年，苏联政府为了表彰他的文学功绩，授予他列宁勋章。从1934年起，他开始写作反映国内时期无产阶级为苏维埃政权而斗争的长篇小说《暴风雨所诞生的》。他还发表了大量战斗性的政论、演说和书信。1936 年 12 月 22 日病逝。

## 《钢铁是怎样炼成的》故事梗概

　　《钢铁是怎样炼成的》描写十月革命后直至社会主义工业化建设的初期第一代苏维埃青年,在布尔什维克党的领导下,为恢复国民经济、巩固苏维埃政权,同国内外阶级敌人进行艰苦卓绝斗争的故事。在三年的国内战争中,苏联的国民经济遭到严重破坏,粮食、燃料极端短缺,威胁着苏维埃政权的生存。为了解决城市冬季的烧柴问题,必须修建一条通向森林的铁路,以便解决城市问题,共青团在这种情况下接受了艰巨的任务。

　　此长篇小说写于 1933 年,是根据作家亲身经历写成的。描写主人公保尔·柯察金从一个普通工人子弟成长为无产阶级革命英雄的经历,展现了前苏联人民保卫苏维埃政权和建设社会主义的壮丽图景,歌颂了苏维埃青年在烈火中成长的过程和为革命而献身的精神。作者善于将人物安排安置在尖锐激烈的矛盾冲突中,从对工作、生活、家庭、爱情、同志、朋友的关系中,通过内心独白、格言警句、抒情、插叙以及必要的书信和日记等,多方面地成功地塑造了保尔这个感人的艺术形象,从而使作品成为一部闪耀着共产主义光辉的"生活教科书"。主人公的一段名言:"人,最宝贵的是生命。生命属于我们只有一次。……"这段名言即是全书的中心思

想。充满着青春活力和革命激情是本书的特色。

保尔·柯察金离开了学校，这一年他只有12岁。因为补考的时候，他把烟末儿撒在了瓦西里神甫家做的复活节蛋糕的面团上了，不得已，保尔跟着母亲来到车站的食堂干活。在这里，他被老板打发到洗涮车间，负责烧茶炉、擦刀叉和倒脏水一些粗活脏活。在食堂干活的日子里，保尔看到了生活底层的人们艰辛、痛苦、贫穷。不久，哥哥阿尔青在发电厂找了一份工作，保尔离开了食堂。

"沙皇被推翻了！"惊天动地的消息传来了。"平等、自由、博爱"一些新的名词出现了，人们欢呼、兴奋。然而，没过几天，镇上的人发现生活和从前一样，没有发生什么大的变化。镇上出现越来越多的士兵，他们高喊着：布尔什维克。乌克兰的谢别托夫卡小镇发生了变化，这里的富人都逃跑了，红军战士出现了。镇上的市民得到了红军发给他们的枪支。很快，红军撤退了，进来了德国人，有钱的富人又回来了。保尔不明白是怎么回事，他继续在电厂里工作。不久，保尔结识了装配工朱赫来，两人成为好朋友，朱赫来教会了保尔打拳还时常给保尔讲一些革命的道理。

冬妮亚是林务官的女儿，她活泼可爱。一天保尔在湖边钓鱼，结识了冬妮亚，她与富家子女不一样，她没有嘲弄和侮辱保尔，俩人很快亲近起来，渐渐地一种不安心情冲击着保尔，他盼望着时时见到冬妮亚。保尔心里明白，这就是爱情吧。小镇时而出现红军游击队，飘扬着游击队的红旗，时而又可以看见彼得留拉匪帮的身影，飘扬着黄蓝旗。红军游击队时常和这些匪帮进行战斗。乌克兰地区充满了激烈而残酷的斗争。

彼得留拉的匪帮占据了小镇，匪帮到处抓人。在一个漆黑的夜晚，装

配工朱赫来为了躲避搜捕，躲藏到了保尔的家。在保尔家里，保尔听到了朱赫来讲述彼得留拉匪帮的暴行，讲解革命道理。保尔懂得了生活的真理，懂得了布尔什维克是为穷人争解放的革命政党。在保尔家里，朱赫来每天傍晚总要出去，深夜时回来。一天晚上，朱赫来出去后就没有回来。保尔来到街上，去打听朱赫来的下落。这时，他看到朱赫来被一个彼得留拉的士兵押解着。保尔决定救助朱赫来。当押送兵走到保尔身旁时，保尔奋力扑向那位士兵，朱赫来见状，一拳将士兵打倒在壕沟里。两个人摆脱了士兵，消失在黑夜里。当晚，朱赫来离开了小镇，保尔被抓到城防司令部。匪帮们轮流拷打保尔，让他交出朱赫来。

彼得留拉匪帮的头目要来镇上检阅部队，镇上忙着做准备工作。捷涅克上校不愿意让头目看到监狱里关押众多的犯人，便将保尔放了出来。保尔拖着疲惫的腿跑着，他不能回家，也不能到朋友那里去，他毫无目的的跑着，不知不觉来到林务官家的花园里。狗的叫声惊动了冬妮亚，当她认出是保尔时，她激动地叫了起来。保尔在冬妮亚家得到了休息，他又不愿意连累冬妮亚，执意要离开冬妮亚的家。冬妮亚见到保尔后，心里有千言万语的话要说，然而却不知从何说起。

第二天早上，保尔离开了冬妮亚的家，乘坐火车去了喀查丁。保尔挥手向高大的阿尔青和苗条娇小的冬妮亚告别。苏维埃政权建立了，乌克兰共青团的地方委员会建立起来了，红军攻占了谢别托夫卡小镇。保尔已经参加了红军，成为科多夫斯基骑兵师的战士。保尔和几千名战士，怀着烈火般的战斗激情，英勇的战斗着。在一次战斗中，保尔的大腿受了伤，随后又得了伤寒病，在治疗伤病时，保尔读了《牛虻》这本书，他被牛虻的

坚强深受感动。

　　战斗又打响了，布琼尼骑兵冲破波兰白军的防线，进攻基辅的敌人，在战场上，保尔策马扬刀，无惧无畏，满怀对旧世界和敌人的深仇大恨冲锋陷阵。他伏在马背上，军刀在空中闪闪发光。布琼尼和骑兵进攻着，前进着，冲破一个又一个防线，日托米尔城被攻克了，另迪契夫城又被攻克了。突然，一颗炸弹在保尔的头上爆炸了，一片绿光闪过，保尔立刻失去了知觉，眼前一片黑暗。

　　保尔恢复了知觉，他的头还是昏沉沉的。可是，保尔的右眼永远的失明了。这对保尔来讲，是多么的残酷，他不能再上前线了。保尔住到了布朗诺夫斯基的家里，在这里保尔遇见了冬妮亚。在参加城里共青团大会时，保尔看见冬妮亚用轻蔑、挑衅的眼光对待他的同志，这使保尔难以容忍。保尔和冬妮亚争吵起来，两个人终于分手了。

　　保尔知道朱赫来现在正担任省"契卡"主席，他向朱赫来要求工作，便参加了肃反工作。"契卡"的工作紧张而繁重，影响了保尔的健康，他的头时常疼痛难忍。在一次搜捕苏达尔匪帮的斗争中，两天两夜没能入睡的保尔终于坚持不住，昏迷过去，失去了知觉。保尔调到了铁路总工厂担任共青团书记，在这里，他又认识了共青团省委委员丽达。保尔对她产生了好感。可是，保尔十分苦恼，认为现在不是谈爱情的时候，他斩断了这份情丝。

　　深秋时节，阴雨绵绵。寒冷的雨点浸透了衣服，冰冷着肉体。筑路队每天从清早干到深夜。夜里，大家穿着雨水浸透的，污泥浆硬了的衣服，躺在水泥地上睡觉，相互用体温来取暖。每天吃的是一磅半

像无烟煤一样的黑面包，有时还供应不上，还有奥力克匪帮的不断袭击。共青团员们边战斗，边劳动，到处响彻铁棒和铁锹碰击石头而发出的声音，到处看见在紧张劳动中弯着的脊梁。不久，寒冬来了，人们仍然在冰天雪地里奋力劳动，刨开冻硬的土地。只要我们这口气不断，一定要建成这条铁路。朱赫来来到工地，看到这种景象，极为感动；钢铁就是这样锻炼成的啊！

被病魔严酷袭击的保尔，一面向怠工行为展开斗争，一面带头劳动，掀起竞赛。他每天天亮之前，托着那双浮肿僵硬的脚，主动为同志们预备好开水和热菜，尽管保尔一连五天发着高烧，仍然用一把大木铲在铲雪。重伤寒终于把保尔击倒了。一具无名的美发青年的尸体给抬到月台上，这个青年就是保尔。保尔没有死于伤寒，他又从死亡线上挣扎回来了，又顽强地战斗在革命岗位上。保尔在全俄共青团大会上与丽达重逢了。然而丽达告诉保尔，她已经结婚了。保尔的身体逐渐衰弱，他的右腿已经残废，脊椎暗伤无药可治，不幸的遭遇和沉重的打击接踵而至，保尔手脚麻木，有时突然不能起床，情形一天比一天坏起来。

保尔和达雅结婚了。他们搬到沿海一个小城去了。保尔现在的生活，就是学习，他读了许多古典文学作品。他又要开始工作了，这项工作就是保尔要写一部题为《暴风雨所诞生的》小说。小说的最后一章写完了，母亲把那沉重的邮包寄往省委文化宣传部。电报来了，电报上说：小说大受赞赏，即将出版，祝贺成功！保尔的心又跳动起来，他又开始了新的生活。

# 奥斯特洛夫斯基演讲录

## 生活万岁

我接受我们国家革命政府所给的最高贵的奖赏。我能够用什么话来回答这个呢？我们在自己的生活中曾经努力地效法那些奇特的，被称为老布尔什维克的人，效法那些经过英勇的斗争，使我们得以享受在社会主义国家中生活的幸福的人。我们青年人曾经努力使自己能像我们所深深敬爱的这些人们，曾经努力做一个全心全意忠实于我们的司令官、我们的领袖的人。虽然疾病使我卧床不起，但是我仍然贡献出一切，以便向自己的教育者——老布尔什维克们证明，工人阶级的青年一代，在任何条件之下，决不投降。我也努力地奋斗过了。命运曾企图摧毁我，使我掉队，但是我说"决不投降"，因为我深信必能得胜。我继续前进，正因为在我的周围有党的温柔的抚爱。而现在我正在高兴地迎接生活，迎接这使我能够重新归队的生活。

只有列宁的共产党，才能教育我们有对革命献身的忠诚的精神。我希望每一个青年工人都努力作一个英勇的战士，因为没有比作工人阶级和党的忠实儿女更为幸福的了。我敢说，也只能这样。我们国家里也只能有这样的青年人，因为在他们的后边，有我们的18岁的少女——强盛、健康的国家，做为他们的后盾。我们曾经在敌人的手下捍卫她，使她发育、成长，到现在，我们正进入幸福的生活，而且在前面还有更光明的前途在等待我们。这种前途是如此地带着诱惑性，以致谁也不能阻止我们为它而斗争。你们看，正如"真理报"所写的那样，瞎眼的战士也在与人民的伟大队伍一道进军。

举起世界革命旗帜的国家中的生活万岁！斗争万岁！美好的国家的青年们，前进！做一个祖国的好儿女！领导我们走向共产主义的，我们的强大的党万岁！

## 我的一天

……电话铃声闯入美梦，令人兴奋的幻觉恐惧地消失了……醒来，我的第一感觉就是我这被瘫痪所钉住的身体难忍的疼痛。这就是说，几秒钟之前我还在做梦，在梦中我是年轻、有力的，骑着战马像疾风一般奔向初升的太阳。我并不睁眼，这没有必要：在这一瞬间我正回忆着一切。8年前，残酷的疾病使我倒在床上，动弹不得，弄瞎了我的眼睛，把我周围的一切变成了黑夜。已经8年了！

肉体的剧烈疼痛，向我猛烈攻击，既残酷又无情。我本能的作着初步的反抗——紧紧地咬着嘴唇。第二次电话铃声赶紧跑来援助我。我知道，生活在号召着我去反抗。妈走进来，她送来早晨的邮件——报纸、书籍，一束信件。今天还有好几个有趣味的约会，生活要取得它应有的权利。让痛苦滚开吧！清晨短时间的搏斗结束了，同往日一样，生活战胜了。

"快点，妈妈，快点！洗脸，吃饭……"母亲把未喝完的咖啡拿走，我马上听见我的秘书阿列克姗特拉·彼德洛夫娜的问安，她像时钟一样准

确。人们抬我到花园的树阴底下,这里一切都准备好了,预备开始工作。赶快生活。就因为这个,我的一切欲望才那样强烈。

"请读报吧,在意大利、埃塞俄比亚的边境上有什么消息?法西斯主义——这个带着炸弹的疯子——已经向这里猛进了。没有人知道他什么时候,向什么方向扔下这个炸弹。"

报上说,国际关系是错综复杂的乱蜘蛛网,破产了的帝国主义的矛盾无法解决……战争的威胁像乌鸦一样盘旋在世界上空。日暮途穷的资产阶级已将自己仅有的后备军——法西斯青年匪徒投入竞技场。而这些匪徒正在使用斧头和绳索,将资产阶级的文化很快地往中世纪扭转去。欧洲非常沉闷,发着血腥气味。1914年的暗影,甚至瞎子也能看见了。世界狂热地扩充着军备……

够啦,请读一些我国的生活吧!于是我听到了可爱的祖国心脏的跳动,于是在我面前便显现出一个青春、美丽、健康、活泼、不可战胜的苏维埃共和国,只有她,我的社会主义祖国,举起了和平的和世界文化的旗帜;只有她创造了民族间的真正友谊。做这样的祖国的儿子该是多么幸福呵!阿列克姗特拉·彼德洛夫娜念信了,这是从辽阔的苏联遥远的尽头给我写来的——海参崴、塔什干、费尔干、第比利斯、白俄罗斯、乌克兰、列宁格勒、莫斯科。

莫斯科,莫斯科呀!世界的心脏!这是我的祖国在和她的儿子中的一个互相通话,和我,和《钢铁是怎样炼成的》一书的作者,一个年轻的初学写作的作者互相通话。几千封被我小心保存在纸夹中的信——这是我最珍贵的宝藏。都是谁写的呢?谁都写。工厂和制造厂的青年工人、波罗的

海和黑海的海员、飞行家、少年先锋队员——大家都忙着说出自己的思想,讲一讲由那本书所激发的情感。每封信都会教给你一些东西,都会给你增添一些知识。看吧,一封劝我劳动的信写道:"亲爱的奥斯特洛夫斯基同志!我们焦急地等待着你的新小说《暴风雨所诞生的》出版,你快点写吧,你应当把它写得很出色。记住,我们等着这部书哪!祝你健康和有伟大的成就。别列兹尼克夫工厂全体工人。"

第二封,这封信通知说,1936年,我的小说将在几家出版社同时出版,印刷总数52万册。呵,这简直是一支书籍大军了!我听见:门外,轻轻的呜呜声,汽车停下了。脚步声。问安。听声音,我就知道,这是马里切夫工程师。他正在建筑一所别墅,是乌克兰政府给作家奥斯特洛夫斯基的赠礼。在古老花园的浓荫林中。距海滨不远,将建造起一所美丽的小型别墅。工程师打开了设计图。

"这边是您的办公室、藏书室、秘书办公室,还有浴室。这半面是给您的家属用的。周围阳光很充足,棕树、木兰……"一切都预备好了,就为着让我安心工作。我深深体会到祖国的关怀和抚爱。"对于这个设计您满意吗?"工程师问。"这太好了!""那么我们就动工了。"工程师走了。阿列克姗特拉·彼得洛夫娜翻开记录本。现在是工作时间,在天黑以前谁也不到我这里来——都知道我在忙。几个钟头的紧张工作,我忘了周围的一切,回忆着往事。在记忆中出现了动乱的1919年:大炮在怒吼……黑夜里火光冲天……大队的武装干涉者侵入了我国,于是我的小说的主人公,忘我牺牲的青年便和自己的父辈们并肩作战,予这种进攻以反击。

"四个钟头了,该停止了。"秘书小声说。午餐……一小时休息……晚

间的邮件——报纸、杂志,又有来信。我听人们念小说。阳光消失了。我看不见,但我感觉到凉爽的黄昏在移近着。许多人的脚步声在沙沙地响,洪亮的笑声。这是我的客人们,我国英勇的少女们,女跳伞家,她们曾打破世界迟缓跳伞的纪录。同来的还有索契城参加新建筑工程的青年团员们。伟大的建筑的隆隆声响竟相被带进这幽静的花园。我想象着,外面正在如何地用水泥和柏油铺着我这小城的街道,一年前还是旷野的地方,现在已经耸立着宫殿似的疗养院和高大建筑了。

天黑了。屋里静静的。客人走了。人们念书报给我听。轻轻的敲门声,这是工作日程上规定的最后一次约会。英文《莫斯科日报》的记者。他的俄语不太好。"是真的吗?您从前是一个普通工人?""真的,当过烧锅炉的伙夫?……"他的铅笔很快地擦着纸响。"请您告诉我,您很痛苦吧?您想,您是瞎子呀。躺在床上不能动许多年了,难道您一次也未对自己失去了的幸福,永远不能恢复看东西、走路而感到失望吗?"

我微笑着。"我简直没有时间想这些。幸福是多方面的,我也是很幸福的,创作产生了无比惊人的快乐,而且我感觉出自己的手也在为我们大家共同建造的美丽楼房(社会主义)砌着砖块,这样,我个人的悲痛便被排除了。"……黑夜,我睡下,疲倦了,但很满意。又生活了一天,最平凡的一天,但过得很好……

## ◎聂鲁达

巴勃鲁·聂鲁达（1904—1973年），智利当代著名诗人，政治活动家。1904年7月12日出生于智利中部的小镇派罗，父亲是位铁路工人，母亲是名小学教师。聂鲁达出生不久，他的母亲因严重的肺结核去世。聂鲁达很爱继母，他的诗作有很多篇幅是献给这位母亲的。少年时代就喜爱写诗并起笔名聂鲁达。1927年，按照拉美国家授予作家官职的传统，他被派到缅甸、斯里兰卡、新加坡、爪哇担任领事。1945年被选为国会议员，并获智利国家文学奖，同年加入智利共产党。1948年因反共的魏地拉政府对他发出通缉令，聂鲁达开始流亡生活。1949年被选进世界和平理事会，获斯大林国际和平奖金。1957年任智利作家协会主席。

聂鲁达

聂鲁达在13岁时便开始发表诗作，1923年发表第一部诗集《黄昏》，1924年发表成名作《二十首情诗和一支绝望的歌》。他的诗歌既继承西班牙民族诗歌的传统，又接受了波德莱尔等法国现代派诗歌的影响。从1925年到西班牙内战爆发是聂鲁达创作的第二个阶段。基本运用超现实主义和象征主义手法，追求神秘的内心体验，主要诗作是《地球上的居所》。1937年进入创作的第三阶段，主要作品有著名长诗《西班牙在我心中》《马楚·比楚高峰》和《伐木者，醒来吧》。此后陆续发表诗集《元素之歌》《葡萄和风》《新元素之歌》《一百首爱情十四行诗》《英雄事业的赞歌》。

聂鲁达是拉美文学史上继现代主义之后崛起的伟大诗人。他的诗歌以浓烈的感情、丰富的想象，表现了拉美人民争取独立、民主、自由的历程，具有高度的思想性和艺术力量。写了大量歌颂苏联的政治抒情诗。由于"他的诗作具有自然力般的作用，复苏了一个大陆的命运与梦想"，聂鲁达因《情诗·哀诗·赞诗》荣获1971年诺贝尔文学奖。其他作品还有回忆录《我曾历尽沧桑》《世界末日》《烧红的剑》《2000年》。

## 聂鲁达的个性

聂鲁达是个凡人，他既有许多高尚的品德，也不乏明显的缺点，不必

把他变成神话式的人物,否则他自己也会感到可怕。他不喜欢小说中的典型英雄和那些身无瑕疵的人,反倒偏爱有点疯疯癫癫的人或无可救药的罪犯。他慷慨大方,所有的朋友都可以随时到黑岛,在酒吧里喝酒聊天,吃大餐,晚上即使他回房间休息,他们依然可以继续自己的活动。但他又十分小心眼,爱记仇。聂鲁达在友情方面爱嫉妒。他喜欢被众星捧月的感觉。他的朋友遍天下,但是敌人也如影随形。

他个性鲜明,从不掩饰自己的爱憎,优点同缺点一样突出;因此他的朋友,觉得他浑身散发着迷人的魅力,他的敌人,不惜一切手段要打倒他,让他身败名裂。巴勃罗·德·罗卡,是和聂鲁达同时代的诗人,也是最坚定的反聂鲁达分子,在长达40年的时间里从未停止对聂鲁达的攻击,为此编辑了25本杂志,还专门出版过一本书《聂鲁达和我》用来摧毁聂鲁达的声望和在诗坛的地位。聂鲁达很少出面回击这些谩骂和中伤。

此外,像希梅内斯、维多夫罗、帕斯、博尔赫斯等诗人都与聂鲁达发生过论争,但是聂鲁达从未把他们当作敌人。虽然有时候,比如他和帕斯之间曾经闹到绝不同桌吃饭的地步,但这些都是诗歌理念和美学追求等方面的差异,是君子之争。因此,最终希梅内斯、帕斯都和聂鲁达重归于好。而维多夫罗在逝世前,专程来黑岛访问过聂鲁达,他们第一次像朋友一样进行了交谈。对于博尔赫斯,聂鲁达始终推崇他为拉美最伟大的诗人和作家。聂鲁达说:"博尔赫斯不是我的敌人,我的敌人是帝国主义,资本主义和在侵略越南的人。我和博尔赫斯的争论是在和平中进行的。我们之间的差异是知识分子的不同立场造成的。"但是对于曾经在西班牙内战时期和他并肩斗争的古巴诗人纪廉,当他在控诉聂鲁达出席在美国举办的

国际笔会的古巴作家抗议信上签名之后,聂鲁达终生都不肯原谅他,他认为那是朋友的背叛。

他喜欢看侦探小说,喜欢看最商业的喜剧电影,不喜欢歌剧,听不懂交响乐,喜欢跟大海有关的一切东西,船、海螺、贝壳、船首雕像,喜欢鸟,喜欢石头,喜欢养狗,喜欢观察小虫子。他有收藏癖,收藏作家手稿、文学作品各种罕见的珍贵版本,收藏海螺、船首雕像、葡萄酒。凡是他看到新奇的东西,他都想把它们买下来运到黑岛的家里。他喜欢绘画和造型艺术,有时会为自己或朋友的诗绘制插图,喜欢建筑房屋,所有的家都是他自己设计图纸,每个家都别具一格。

年轻时经常朝不保夕吃不上饭的聂鲁达,对舒适生活一直保持着热切的向往。他对美酒佳肴非常在行,曾经和阿斯图里亚斯合写过一本《吃在匈牙利》。除了写诗之外,聂鲁达还是出色的译者。他翻译过法朗士的小说,布莱克、惠特曼、波德莱尔、兰波和里尔克的诗,莎士比亚的《罗密欧与朱丽叶》。他还写过话剧《华金·穆列塔的显赫与死亡》,尽管演出时总是掌声雷动,但他的确不太懂得戏剧。20世纪50年代中期以后,聂鲁达的诗歌创作每况愈下。

## 聂鲁达的政治与文学生涯

1927年,23岁的聂鲁达被智利政府委派出任驻缅甸领事,之后的8年

里他先后到过锡兰、爪哇、新加坡、布宜诺斯艾利斯、巴塞罗那以及马德里。这期间，聂鲁达出版了《热情的投掷手》和《土地的居民》，这两部诗集中蕴含着一种突破，不仅在写作技巧上，更是在思想上。西班牙内战爆发，聂鲁达的一位朋友，西班牙诗人劳卡被谋杀，这两件事情很深地影响了聂鲁达致使他投身于民主运动的事业中。当聂鲁达被委派出使法国时期，他帮助了大量西班牙难民前往智利定居。

1942年，聂鲁达写长诗赞扬苏联红军在斯大林格勒的战斗，同年加入共产党。3年后，聂鲁达被选为议员，他公开反对总统魏德拉以及被右翼极端分子控制的智利政府，也因此被驱逐出国，他在智利躲了两年后于1949年逃往墨西哥。期间，聂鲁达前往苏联，在那里他受到了热烈的欢迎。在聂鲁达放逐生活的后半段，他住在意大利靠近海边的一个小镇上，在那里他每天到海边听海的声音，写诗。当反对魏德拉势力的战斗在智利国内取得胜利，对左翼分子拘捕的命令撤销后，聂鲁达回到久别的智利。

1953年，聂鲁达获斯大林奖，当时的苏联文坛形势紧张，政府在思想上实行独裁，《日瓦戈医生》的作者帕斯捷尔纳克被打上反动的标志驱逐。聂鲁达在他1958年的选集《放纵》中反思了他的马克思主义理想。1957年，在布宜诺斯艾利斯访问期间被捕。此后，聂鲁达开始旅行，他去了古巴和美国，1970年当阿兰德当选总统后，聂鲁达被任命为智利驻法国的大使。1973年9月23号，因为白血病，聂鲁达逝世。

尽管聂鲁达在乡村的隔绝状态中长大，但特穆科的学校环境卓有成效地培育了他的诗歌才华。那里的老师们（其中的加布里埃拉·米

斯特拉尔后来于 1945 年成为拉美国家第一位诺贝尔桂冠诗人）向聂鲁达传授了现代文学的重要知识。1919 年在全国文学竞赛中荣获地区奖。第二年，他确定使用笔名巴勃罗·聂鲁达，以此向捷克诗人詹·聂鲁达表示敬意。1921 年，他定居圣地亚哥，学习法语，从此以后，就积极参与圣地亚哥的文学活动。他在 20 年代初期的诗作依赖于比他早一代的西班牙现代派。这些作品中强烈的情欲部分源自于本世纪初包括米斯特拉尔在内的女诗人。

到 20 年代中期，聂鲁达已成为智利诗坛的中心人物。他在东方过着一种孤独的、远离尘嚣的生活。在亚洲之行前夕，他在圣地亚哥出版了《无限的人性试炼》（1926）。在这部确确实实存在但几乎无人问津的试验性的书中，饱经磨炼的主观主义已经十分明显。他在东方的生活又进一步滋养了这种主观主义。在东方，他最终完成了《大地的居所》。该书可能是他最深刻、最具独创性的作品。书中独一无二的语言、连续的明喻、梦幻般的暗喻和急迫的半口语、半正式的韵律，随着每首诗对个人经历和表达的痛苦领域里的探索。

30 年代中期，在马德里的西班牙诗人把聂鲁达作为他们之中受人尊敬的成员来欢迎。正是通过和革命诗人拉斐尔·阿尔韦特的交往，聂鲁达才开始重新确定行动主义和政治诗的方向。西班牙内战的爆发证实了他的诺言。在《大地的居所》第三卷，他宣布"世界变了，我的诗也变了"。在前两卷书中，对于时间和孤独的摧残，他是一个主观的目击者。现在，他的视线集中到与时事更为密切相关的事件上，例如西班牙的内战和第二次世界大战中的斯大林格勒保卫战。

《诗歌总集》是对拉美自然奇观的赞美，是一位马克思主义者对历史的改写。正是通过这部不朽的著作，聂鲁达充分展露了政治诗才。聂鲁达被称为若干部诗作、而不是单首诗的诗人。《诗歌总集》被称为聂鲁达模仿《圣经》的书中之书。《马楚·比楚高峰》是全书十五章中最杰出和最有代表性的一章。这一章融合了政治讽刺和自然景观的富有风采的描写，是聂鲁达从与世隔绝的人生观向与人民保持团结一致转变的抒情性重述。

直到生命的终结，他很多作品都是政治的暗示或直接的陈述，但大量的作品集中在爱情、自然和个人经历的事件上。1952年他完成了《船长的诗》，这是一部由马蒂尔德·乌鲁蒂亚激发起灵感的爱情诗集，为了尊重仍是他妻子的迪莉亚·德拉·卡里尔，开始时只是匿名出版。50年代末期，在和乌鲁蒂亚关系确定以后，聂鲁达出版了《爱情十四行诗一百首》。1953年，聂鲁达获斯大林奖。他的政治色彩明显表现在《葡萄园和风》（1954）中。《元素之歌》的每一首诗奉献给自然或社会的一种元素，每首诗都有观察、幽默、讽刺。

1958年，在《遐想集》中以发言人的身份宣布他要再次关注与个人有关的事情。在他去世后出版的自传体散文集《回忆录》（1974），其中大部分于1962年在巴西《十字架》报上连载。他的回忆诗、浓缩的生活，在绵长的《黑岛纪事》（1964）中可以发现。《黑岛纪事》是他"六十多岁时最重要的作品"。他去世后出版的八卷诗集大部分都是抒发个人情感的，其中很多诗歌表达了对死亡的期望。

1973年9月11日，聂鲁达正住在老家黑岛的一个渔村，突然广播和电视里传出了军事政变和他的朋友萨尔瓦多·阿连德总统以身殉职的消息。当时，聂鲁达正忙于他八部诗集的定稿，准备 1974 年在他 70 岁生日时出版。他的身体已经因癌症病魔的折磨而日渐虚弱，又听到激烈的军事占领的消息，健康状况急转直下，不到两星期，便离开了人世。

## 聂鲁达诗歌欣赏

### 夕阳的光芒

夕阳用它微弱的光芒将你包裹。

沉思中的你，面色苍白，背对着晚霞那衰老的螺旋围绕着你不停地旋转。

我的女友，默默无语，孤零零地与这死亡时刻独处

心里充盈着火一般的生气，纯粹继承着已破碎的白日。

一束光芒从太阳落至你黑色的衣裳。一条条巨大的根茎在夜间

突然从你心田里生长，隐藏在你心中的事返回外面。

因此一个苍白的蓝色民族一降生就从你身上获取营养。

啊，你这伟大、丰盈、有魅力的女奴从那黑色与金黄的交替循环里，

挺拔屹立，完成了生命的创造鲜花为之倾倒，可你充满了伤悲。

### 松林涛声

啊，一望无际的松林，涛声陪伴折断声，光线缓缓地做着游戏，孤独

陪伴着教堂,

霞光落进了,你的眼睛,可爱的小美人,地上的长春花,大地在你心里歌唱!

河流在你心中歌唱:按照你的希望,听凭你的要求,我的灵魂在水中荡漾。

请用你的希望之弓,为我指明路程,我会在狂热中射出一束束飞快的箭。

围着我,让我看到了你朦胧的细腰,无言的你催促着我那被追捕的时光,

是你用那碧玉般的胳膊,留驻了我的亲吻,孕育了我对水的渴望。

啊,你那被爱情染了色的神秘声音与暮色发生共鸣,令人闻之心也醉!

于是,在深夜里我就看到了田野里的麦穗被清风的嘴巴吹弯了腰。

## 夏日的心脏

在夏日的心脏里一个布满风暴的早晨。

仿佛道别时挥动的白手帕,云彩在旅行,风儿用它那游子的双手摇动着白云。

不知道有多少颗风儿的心脏,在我们相爱的寂静里跳动。

心儿在林间像管弦乐神圣地嗡嗡响,如同一个充满战争与歌声的舌簧。

风儿以神偷的方式卷走了枯枝败叶迫使飞箭般的鸟群改道而去。

风儿用无泡沫的浪花和轻飘的物质把枯枝败叶打落在地,堆成倾斜

的火。

风儿停了,把密密的亲吻沉落下来,战败在夏风的大门口。

## 喝醉酒的串铃

为了你能听我说我的话语,往往消瘦成银鸥在沙滩上的足迹。

手串,喝醉酒的串铃献给你那葡萄般的手。

望着我自己远去的话语。比我多的,是你的话语。

它们似海蛇向我原有的痛苦爬去。它们就这样沿着潮湿的墙壁爬去。

这个血腥游戏的罪人就是你。它们纷纷逃避我那黑暗的藏身之地。

你处处塞满你的一切,塞满你的一切。

在你之前它们已开拓了你要占据的孤独之地,并且比你更习惯于我的悲伤。

现在我想要它们说出我想对你说的话,为的是你能听到如同我希望你听见的话。

焦虑的风还是经常卷走你的话。梦中的飓风还是经常把它们推倒。

从我痛苦的声音里你听一听其他声响。哭声还是来自那些嘴巴,

流血还是因为原来的恳求。爱我吧,女友。别抛弃我。跟我来吧!

跟我来吧,女友,冲破那焦虑的浪。

可是我的话语正渐渐被你的爱情染上颜色。一切都让你给占了,你占领了一切。

我要把一切编成一条无限长的手串献给你那柔软得赛葡萄的洁白双手。

## 那个秋季的模样

我记得你最后那个秋季的模样。你头戴贝雷帽,心里一片平静。

你的眼里跳动着晚霞的火焰。树叶一片片落入你那似水的心田。

你像一朵牵牛花紧贴在我怀中,树叶接收着你缓慢而平静的声音。

惊愕的篝火燃烧着我的饥渴,甜蜜的蓝色堇盘绕在我的心田。

我发觉你的眼睛在出神,可秋天已经远去:

灰色的贝雷帽,小鸟般的声音,家中的心脏,

我深切的渴望就是移居你的家中,我那快乐的亲吻会像火炭般地纷纷落下。

从船上看是天空,从山上看是田野。忆起你,就想到了光明,炊烟,宁静的水塘!

在你的眼底深处燃烧着万道霞光。秋天的枯叶盘旋飞绕在你的心田。

## 俯视黄昏

俯视着黄昏,我把悲伤的网撒向你海洋般的眼睛。

那里,在最高的篝火上燃烧、蔓延着我的孤独,它像溺水者那样挥动着臂膀。

我朝着你那出神的眼睛送去红色的信号,像海水拍击着有灯塔的海岸。

你一味沉默不语,我那远方的心上人儿。

从你的目光里时时显出惊惶的海岸。

俯视着黄昏,我把悲伤的网撒向撼动你海洋般的双眼。

群群夜鸟啄食着第一批星星,它们的闪烁如同我爱你的那颗心。

夜神骑着他的黑马在奔驰,在原野上播撒蓝色的花穗。

### 你喝醉了蜜

洁白的蜜蜂,你喝醉了蜜,在我的心上嗡嗡叫。

围着袅袅的炊烟,你嗡嗡地飞绕盘旋。

我是个绝望的人,是没有回音的话语,我失去了一切,又是一个拥有一切的人。

最后的羁绊,我最后的忧虑在你心中吱吱响。

在我这块荒原上,你是最后一朵玫瑰花。啊,你这个沉默的姑娘!

闭上你那深邃的眼睛。夜神在那里扑扇着翅膀。

啊,露出你那颤抖的雕像般的身体吧!

你的眼睛深邃,黑夜在里面扑扇着翅膀。

你的胳膊细嫩,好似花朵;膝盖如同玫瑰。

你的乳房仿佛洁白的巨大蜗牛。你的腹部睡着一只斑斓的蝴蝶。

啊,你这个沉默的姑娘!这就是你不在这里造成的孤独。

下雨了。海风追捕着流浪的银鸥。流水赤着脚走在潮湿的街道上。

树叶像病人那样抱怨着大树。洁白的蜜蜂,你不在,却嗡嗡响在我心头。

时间会使你重生,消瘦而沉默的姑娘。啊,沉默的姑娘!

### 沉醉在松香和长吻中

沉醉在松香和长吻中,夏日里,我驾驶着玫瑰小船,拐向那消瘦的死神，凭借着水手的坚强和狂热。

面色苍白，被拴在贪婪的水上，我穿过晴朗天气的酸腥气味，

依旧身穿灰衣，耳听痛苦的呻吟，一支把浪花扔到后面的悲伤桅杆。

撇开激情，我骑上唯一的浪头，月夜，白昼，炎热，寒冷，突然间，

睡倒在幸运岛屿的喉头，洁白而甜蜜的海岛如同双胯一样新鲜。

潮湿的夜晚，带着亲吻的衣裳在颤抖。衣衫上，疯狂带电般地行走，

按照史诗的方式，它被分成各种梦想，令人陶醉的玫瑰也在我心中

成长。

外部的浪涛中，海流压在上面，你那平行的身躯，紧贴在我胸间

犹如一条鱼永远游在我的心田，快和慢都在那天下的热能之间。

### 我们错过晚霞

我们错过了这个晚霞。今天黄昏没人看见我们手拉手，

那时蓝色的夜正渐渐落到天下。

从窗口处我看到了，落日在远山里的宴会。

那么你当时在哪里？呆在什么人中间？说些什么话语？

为什么正当我伤心，觉得你在远方时，全部的爱会突然而至？

经常在黄昏时分被挑中的书落到了地上，

像一条受伤的狗在脚下滚动了我的衣裳。

你总是、总是在暮色苍茫时分离去，

走向晚霞边跑动边抹去雕像的地方。

### 那月亮的一半

几乎在天外，停泊两山间，是那月亮的一半。

转动着,流浪的夜挖掘着双眼。看看有多少星星被打碎在水面。

它在我额头画上十字,悄然离去。蓝色金属的锻造,无声搏斗的夜晚。

我的心儿在飞转,犹如疯狂的螺旋一般。

来自远方的姑娘,从极远处被带到此间,她的目光在苍穹下永远保持辉煌灿烂。

哀怨,风暴,愤怒的漩涡,穿过我的心脏,你一刻也不留。

墓地的风裹挟、撕裂、粉碎着你酣睡的发根。风把她身旁那些大树连根拔去。

可明快的姑娘,你是烟的引信和问题。是你和发亮的叶片形成了大风的来去。

夜幕下的群山后面是燃烧着的百合,啊,我什么也说不出口!它由万物混合。

焦虑,你用刀劈开了我的胸口,到了另择道路的时刻,

因为在那里她不开笑口。风暴埋葬了钟楼,风暴造成了混乱。

为什么现在敲钟,为什么让她难过?要走那条远离一切的道路,

因为它不拦阻死亡,冬天和痛苦;她可以睁大眼睛,伫立在细雨之中。

## 露水洒在花冠上

有你的胸脯,我就心满意足,有我的翅膀,就足以使你自由。

一向睡在你心田里的事,将由我的口中直达神明。

每日的梦想都在你身上。你的到来犹如露水洒在花冠上。

你用缺席截断了远方的地平线。你像海浪一样永远处于逃亡线上。

我说过你曾在风中高歌，仿佛松树，宛若船的桅杆。

你像它们一样细高，一样寡言。突然间，一次旅行使你伤感。

你像熟路一样热情待客。为你响起回声和思乡的歌。

我醒来是因为睡在你心上的鸟群，时时要迁徙，时时要逃避。

## 我用火的十字

我用火的十字——烙上，你身上雪白的地图。

我的嘴巴是个躲躲藏藏的蜘蛛。它在你身上，身后，既胆怯又饥渴。

伴着晚霞给你讲故事，甜蜜又悲伤的娃娃，为了不让你难过。

一只天鹅，一棵树，遥远而欢乐的故事。

葡萄的季节，果实成熟的时刻。我住过的港口，爱上你的地方。

孤独交织着美梦，交织着宁静。我被包围在大海与忧伤之间。

沉默或胡言，处在两个不动的船夫中间。在嘴唇和声音之间，某种东西在垂死挣扎，

某种有鸟翅的东西，痛苦和忘却的东西。这就如同鱼网拦不住流水一样。

我的娃娃，残留的滴水颤抖不停。可是某种东西通过瞬间的词句在唱。

某种东西在唱，一直飞升到我饥渴的嘴巴上。

噢，你尽可以用全部欢乐的话语庆祝。唱吧，烧吧，逃吧，仿佛狂人手中的大钟。

可怜的甜人儿，突然之间你变成了什么？当我到达那寒冷和最危险的

顶点时，我的心如同夜间的花朵把自己关上。

## 自从我爱上你

你每天都同宇宙之光嬉戏。精明的女客人，你乘着鲜花与流水而至。

你赛过我掌中可爱的小白花，我每天手里都要攥着一束花。

自从我爱上你，你就与众不同。让我帮你躺在黄色的花环里面。

是谁用烟云般的字体，在南方的群星间写下你的名字？

啊，让我告诉你当时你是怎样的，因为你还不谙人世。

突然之间大风怒号，敲打着我那关闭的窗口。

天空是一张网，挂满了阴沉的鱼儿。这里产生各种风，全部的风。

雨儿脱去了衣裳。鸟群纷纷逃去。风啊，风。

我只能与人类的力量斗争。狂风把黑色的枯叶堆成一团团，

吹散了昨夜系在天空上的小船。你在这里。啊，你没有逃！

你要回答我，直至最后的呼号。偎在我身边，像真的害怕一样。

但是有道阴影闪过你的双眼。

现在，就是现在，小心肝儿，你带来了忍冬花儿，

甚至连你的酥胸也带着沁人的香味儿。就在凄厉的风追杀着一群蝴蝶的时候，

我爱你，我的欢乐咬着你樱桃般的香唇。

幸亏没有让你习惯我的生活、我粗野而孤独的心灵，

我那人人都回避的名字，否则会给你带来多大的痛苦。

你和我无数次看到了启明星一面燃烧一面亲吻着，

咱俩无数次看到了曙光在咱们头上像扇面式地盘旋飞舞。

我的话像雨点般地抚摸着你,洒满了你的身躯。

很早以前我就爱上了你那闪烁珍珠光泽的玉体。

甚至我认为你是宇宙的女主人。

我要从大山上给你采来欢乐的花,那喇叭藤花,

那褐色的榛子,那装满了亲吻的野藤花篮。

我要在你身上去做,春天在樱桃树上做的事情。

## 你沉默的时候

你沉默的时候叫我喜欢,因为你好像不在我身边,

你从远方听见我在喊,可是我的声音没有打动你。

似乎你的眼睛早已飞去,似乎一个亲吻封住了你的唇。

因为万物之内都有我的灵魂,充满了我的灵气你才脱颖而出。

梦中的蝴蝶,你就是我的灵魂,就像是"忧伤"这个词组。

你沉默的时候叫我喜欢,你好像十分遥远。

你似乎是在呻吟,簌簌作响的蝴蝶。

你从远方听见我在喊,可是我的声音没有打动你。

请让我跟你的沉默一起保持沉默。请让我跟你的沉默一起谈谈沉默。

你的沉默像灯光一样明亮,像戒指一样简单。

你仿佛黑夜,沉默无语,繁星满天。你的沉默属于星星,既遥远又简单。

你沉默的时候叫我喜欢,因为你仿佛不在我的身边。

你既遥远又悲伤,好像早已死去一样。

那么,只要一句话,一丝笑,万事足矣。

我感到高兴,高兴的是这并非真模样。

## 你宛若一片云彩

在我那晚霞的天空上你宛若一片云彩,你的肤色和体形正是我所喜爱。

你是我的,嘴唇甜蜜的女人,你属于我,我无限的迷梦都存在于你的生活。

我的灵魂之灯为你的双脚染上玫瑰红,我的葡萄酒经过你的嘴唇变得更蜜甜,

噢,是你打断了我的黄昏之歌,我孤独的迷梦感觉到你就是我的女人!

你是我的!我迎风高喊,你是我的!黄昏的风带走了我孤零零的叫声。

是你套出了我眼底的隐情,这一盗窃行径如同拦截水流,截获了你夜间眼中的神情。

亲爱的,你已经被我的音乐之网捕获,我的音乐之网赛过天空般地广阔。

我的灵魂诞生在你泪眼的岸边。你的泪眼就是梦乡边界的起点。

## 卷入深深的孤独

我思念着,一面把忧郁卷入深深的孤独。你也在远方。啊,比任何人都更遥远。

我思念着,一面放走小鸟,消除印象,一面埋葬各种灯光。

雾里的钟楼，多么遥远，简直在天上！抑制着叹息，磨碎暗淡的希望，

做个无言的磨工，黑夜突然来到你身边，那远离城市的地方。

你的出现让我感到陌生，仿佛是个怪物。

我思考，我走路，在你之前走很长的生活之路。

我的生活，那比任何人都更冷酷的生活之路。

面对大海，处于岩石中间的呼声，自由、疯狂地流动在海雾之中。

伤心的怒火，叫喊，大海的孤独。满嘴脏话，粗野暴躁，指向天空。

你，女人家，算个什么东西？在那把大扇子上，

你是扇骨，还是扇面？你总是像现在这么遥远

森林大火！大火烧成了发蓝的十字架。

燃烧，燃烧，窜出火苗，火星飞溅到树上。

轰然倒下，劈啪作响。大火！大火！我的心带着火花的烫伤在跳舞。

谁在呼唤？什么样的寂静会充满回声？思念的时刻，欢乐的时刻，孤独的时刻，

种种时刻中的我那一刻！风唱着歌从喇叭里通过。大量的热泪激情集结在我体内。

挣脱了种种盘根的羁绊，冲破那道道波浪的阻拦！

我的心跳动着，快乐，悲伤，没了没完。

我思念着一面把灯光埋进深深的孤独。你是谁啊，你是谁？

## 风脱身而去

这里我爱你。在黑暗的松林里，风脱身而去。

月亮在迷茫的水面上发出磷光。天天如此,时光总是互相追赶。

晨雾化做一些人形的舞蹈。一只银鸥从落日上下来。

间或有一条帆船。高高在上的星星。间或是一条木船的黑色十字架。

孤独一人。有时清晨醒来,连我的心都变得潮湿。

远海传来声响,又传来声响。这里是个海港。

这里我爱你。这里我爱你。地平线也无法遮掩你。

尽管处于这冰冷的万物中,依然爱你。有时这些沉重的船会载着我的吻驶去,

从海上驶向没有到达过的地区。我想我已被人忘却,犹如这些破锚一般。

黄昏时分停泊,这些码头显得格外凄凉。

我对这种饥寒潦倒的生活已经厌烦。我喜欢我没有的东西。你是那么地遥远。

我的厌倦与那缓慢的暮色在争辩。但是黑夜来临,它开始为我歌唱。

月亮转动起它那梦一般的圆轮。借助你的眼睛望着我,那些最大的星星。

因为我爱你,风中的松树,愿意歌颂你的名字,借助它们那钢丝针叶。

## 水纹般的微笑

灵巧、漂亮的黑姑娘,使水果成熟的太阳,

使麦粒饱满的太阳,使海藻弯曲的太阳,

它让你的身体快乐,让你的眼睛明亮,

它让你的嘴唇有着水纹般的微笑。

当你舒展双臂时，一轮焦虑的黑太阳，卷动着你披肩发上的根根青丝。

你同太阳嬉戏，仿佛它是一条小溪，它在你漆黑的眼睛里留下一泓秋水。

灵巧、漂亮的黑姑娘，没有什么能让我接近你。

你的一切都让我离去，如同我离开南方一样。

你是个蜜蜂般发狂的青年，你是因海浪而陶醉，你是谷穗生长的力量。

但是，我那颗悲凉的心依然在寻找你，我爱你快乐的身体，爱你无拘束的声音。

黝黑、甜蜜、最后的蝴蝶，你像麦田和太阳，你像露水和芙蓉。

## 最伤心的诗

今夜我可以写出最伤心的诗，比如写下："夜空布满了星辰，发蓝的群星在远方抖颤。"夜间的风在空中盘旋，歌唱。

今夜我可以写出最伤心的诗。我爱过她，有时她也爱过我。

许多像今天的夜晚，我把她搂在怀中。在无边的天空下，我无数次地吻过她。

她爱过我，有时我也爱过她。怎么没爱上她那专注的大眼睛呢。

今夜我可以写出最伤心的诗。想想我已经没有了她，失去她我会难过。

我感到夜空漫漫，没有她更加漫漫。诗歌落到心田犹如露水落到

草原。

我的爱不能留住她又有何妨。夜空布满星群,她已不在我身旁。

这就是一切。远方有人在歌唱。在远方。失去了她,我打心底里不痛快。不痛快。

似乎是为了接近她,我的目光在寻找她。我的心在寻找她,可她已不在我的身旁。

同是今宵使得同样的树木泛出白光。我俩,同是我俩,已不再是同样的我俩。

的确,我已经不再爱她,可是我曾经多么爱她哟。

我的心声在寻找着和风,为的是能吹进她的耳中。

属于别人,她将属于别人。如同在我亲吻之前。

她的声音,她那鲜亮的身躯。她那不可测的眼睛。

的确,我已经不再爱她,可是说不定我还喜欢她。

爱情是如此短暂,可是负情却如此长久。

因为像今天这样的夜晚,我曾经把她搂在怀中。

失去她,我打心底里不痛快。不痛快。

尽管这或许是她最后一次让我痛苦。

尽管这或许是我为她写下的最后的歌。

## ◎肖洛霍夫

肖洛霍夫（1905—1984年），20世纪苏联文学的杰出代表。1905年5月24日出生在顿河维申斯克镇，仅受过4年教育，靠自学成才。顿河哥萨克地区多姿多彩的生活给予了肖洛霍夫取之不尽的创作素材。少年时代的肖洛霍夫直接参与了红色政权组建时的一些工作，如担任办事员和扫盲教师，参加武装征粮队。1919年至1922年，年轻的肖洛霍夫为红军做过各种工作。1922年来到莫斯科，开始从事文学活动，并参加了文学团体"青年近卫军"。

肖洛霍夫

1923—1924年间在《青年真理报》上登载了《考验》《三人》《钦差》和第一部短篇小说《胎记》。1926年出版小说集《顿河故事》和《浅蓝的

原野》。作家把严峻而复杂的社会斗争浓缩到家庭中间和个人关系之间展开，在哥萨克内部尖锐的阶级冲突的背景中展示了触目惊心的悲剧情景和众多的悲剧人物。1930年肖洛霍夫见到了斯大林，1932年成为一名正式的苏共党员。1938年肖洛霍夫受到人民内务委员会的迫害，由于斯大林的帮助而幸免于难。

卫国战争时期上过前线，1943年发表反映卫国战争的长篇小说《他们为祖国而战》。1957年发表《人的命运》，被称为当代苏联军事文学新浪潮的开篇之作。反映了法西斯的侵略战争给千百万苏联人民带来的深重灾难，以及苏联人民强烈的爱国主义精神和不可推摧的意志。真实地描写了主人公的家庭悲剧、精神痛苦和心灵创伤，散发着强烈的人道主义气息。《被开垦的处女地》，以顿河格列米雅其村集体农庄的建立和巩固为背景，写出了斗争的复杂和尖锐。

肖洛霍夫的作品反映了处于历史转折时期的哥萨克人民的生活变迁，塑造了许多个性鲜明的哥萨克形象。1965年，肖洛霍夫因其"在描写俄国人民生活各历史阶段的顿河史诗中所表现出来的艺术力量和正直品格"而获得诺贝尔文学奖。1941年获得斯大林奖金，1960年获得列宁文学奖金。1984年在出生地克鲁齐林诺村去世。

## 苏联文学的杰出代表

米哈依尔·亚历山德罗维奇·肖洛霍夫是前苏联一位重要而又复杂的小说作家。他在20世纪二三十年代已经成名,曾经在苏联社会主义文学的道路上作出一定的成绩;50年代以后,他的文学活动受到现代修正主义思想的影响。肖洛霍夫是个哥萨克人,1905年5月28日出生在顿河地区维申斯克镇边上的克鲁齐林诺村。他的家庭属于小资产阶级,父亲做过牲口买卖,当过磨坊和商店经理,十月革命后一直是苏维埃政府基层粮食部门的职员。

十月革命前,肖洛霍夫曾先后在莫斯科、波古察尔和维申斯卡亚的小学和中学读书;1918年苏联国内战争时,德国干涉军逼近学校所在的县城,他不得不辍学回家。1920年,他参加苏维埃政权的粮食征购队,担任过机枪手、粮食征集员和检查员;不久他来到莫斯科,做过小工、泥水匠和房产管理部门的会计、出纳等。青少年时代这种广泛的社会经历使肖洛霍夫积累了丰富的写作素材,为他以后的文学创作打下良好的生活基础。

肖洛霍夫从1923年开始文学创作活动,陆续在地方报刊发表小品文、特写和短篇小说。1924年底,他被接纳为俄罗斯无产阶级作家协会(统称"拉普")会员。从此,他成了一个专业的小说作家。肖洛霍夫的早期作品，大部分收在1926年出版的《顿河故事》和《浅蓝的原野》两部中短篇小说集中。这两部集子的近二十篇小说，从思想内容和艺术技巧上讲是很不平衡的。在有些作品中，作者以生动的艺术形象，成功地反映了国内战争时期哥萨克内部尖锐复杂的阶级斗争，色彩鲜明地表现了新生苏维埃政权的无限生命力和革命者的优秀品质。例如：在《看瓜田的人》里，当了白匪警卫队长的哥萨克，发现妻子同情和帮助红军俘虏，竟把她活活打死；而两个哥萨克兄弟，为了参加革命，不得不跟旧家庭作十分激烈的斗争。

在另一个短篇《死敌》中，贫农叶菲姆在反动富农的残酷迫害下，始终立场坚定，在临牺牲的一刹那，他们牢记战友的话"你被打死了，就会有20个新的叶菲姆出现"，表现出对革命充满必胜的信心。但其中也有一些作品，明显地流露出作家对无产阶级革命的资产阶级庸人观点。例如，在短篇小说《浅蓝的原野》中，当了一辈子长工的老雇农查哈尔在地主白匪卷土重来时，因为不堪忍受残酷的折磨，跪倒在地主脚下，再三哭诉，哀求饶命，结果还是一个孙子惨遭杀害，另一个孙子被鞭打成残废。在短篇《胎记》里，作为正面主人公的尼古拉——一个红军战士公然宣称自己参加剿匪是迫于上级和战友的"压力"，而且心里也早已对革命"感到厌倦"，认为"一切都没有意思、无聊"；而作为反面人物的凶恶白匪，当发现被他亲手打死的正是自己的儿子时，突然良心悔悟，悲痛欲绝，最后饮弹自灭。

在这里，肖洛霍夫为了表现革命斗争的复杂、残酷，有时却陷入感伤甚至是悲观失望，为了表现人的复杂性，有时又让共通的人性和人的生理本能淹没了人和人的感情的阶级本质。在艺术形式上，出其不意的情节安排、严谨的故事结构、多方面的性格刻画和富有感情色彩的语言风格，是作者许多早期小说的共同的优点和特点，表现出他比较丰厚的生活知识和一定的写作技能。

肖洛霍夫早期创作中思想上和艺术上的矛盾，在著名的《静静的顿河》里表现得尤为明显。《静静的顿河》是作家从1926年至1939年，总共花14年时间写成的长篇小说，全书共八卷，分四大部分。它以1914年第一次世界大战开始前夕到1922年苏联国内革命战争结束的历史为背景，以十月社会主义革命引起顿河地区哥萨克社会的变化、顿河地区苏维埃政权建立后哥萨克发动的反革命暴乱及其被平定为题材。贯穿全书的中心主人公葛利高里·麦列霍夫原是一个哥萨克中农。通过他从青年时代参加帝国主义战争，十月革命时一度加入革命行列，不久又深深陷进反革命营垒而不能自拔和最后彻底毁灭这一漫长而又错综复杂的经历，小说以庞大、完整的艺术形象体系，反映出地主资产阶级反动腐朽势力遭到失败和布尔什维克党领导的革命人民最终取得胜利的客观发展过程。

整个长篇小说，画面广阔，情节线索分明，结构有条不紊，主要人物的性格刻画得比较深入细致，一些战争场面和和平生活的细节也写得比较真实，语言比较丰富生动，具有相当强烈的艺术感染力。所有这一切，就无疑是作家成功的地方。但是，在这部作品中所流露的作者对一些历史事件的理解包含有许多错误的观点，也是任何一个不带偏见的读者都不会加以否认的。在刚刚建立苏维埃政权时，红军对哥萨克确实有过一些偏激行为，但1919年顿河上游哥萨克发动反革命叛乱。根本的和主要的原因是国

际帝国主义和国内残余白匪、反动富农互相勾结的结果。肖洛霍夫却认为叛乱的主要原因在于布尔什维克党"对哥萨克中农的过火行为"。这就从根本上颠倒了黑白，违背了历史的真实。正是出于这种十分错误的观点，在小说中，苏联人民为巩固十月革命成果进行的国内革命战争被描写成哥萨克同胞兄弟"互相残杀"的历史悲剧。主人公葛利高里从家庭出身讲虽说是个中农，但在当时无产阶级和资产阶级的生死大搏斗中，他逐渐蜕化变质，背叛了自己出身的阶级，当了叛匪的重要骨干。小说却把这样一个主人公的堕落描绘成是布尔什维克对他"不信任"的结果，说他是个"不幸的人"。由此出发，长篇小说一方面歪曲红军官兵形象，另一方面则通过对主人公葛利高里的细腻的复杂心理描写和浓郁的抒情笔触，表现了对反革命叛匪的深厚同情。正因为如此，斯大林当时一方面肯定它不是"非苏维埃倾向"、不是"反党反无产阶级的作品"，后来还同意授予文学奖金，同时也曾经一针见血地指出：《静静的顿河》"写了一些极为错误的东西"，对于一些革命者"作了简直是不确实的介绍"。

20世纪20年代末30年代初，在苏联轰轰烈烈的社会主义工业化和农业集体化运动高潮中，肖洛霍夫从1931年起担任了俄罗斯无产阶级作家协会机关刊物《十月》杂志的编委，1932年加入苏联共产党，同年写成了第二部著名的长篇小说《被开垦的处女地》第一部。1930年，共产党员达维多夫奉党的派遣来到哥萨克地区的格内米雅其村，和这个村子里的党员、贫雇农一起，清算了富农，建立了集体农庄。《被开垦的处女地》第一部通过这一并不复杂的故事情节，十分及时而且比较真实地反映了布尔什维克党领导下苏联私有制个体农民走上社会主义集体化道路的过程。小说形象地揭露社会主义敌人公开和隐蔽的疯狂破坏活动，深入细致地描绘出中农梅潭尼科夫在集体化过程中犹豫矛盾的复杂心理。

作者通过紧张的阶级斗争、生产劳动和爱情、家庭等多方面的艺术描写，使一些主要人物的性格既鲜明又富有典型意义。故事的开展既自然而又紧张，结构严密而紧凑，丝丝入扣。小说的语言也比较丰富、幽默，具有浓烈的生活气息。这部小说的缺点，是过分渲染集体化过程中的"左"倾错误和某些贫农积极分子的"落后""自私"，美化富农和荡妇鲁什卡的爱情纠葛，对达维多夫也是作者的介绍多于通过这个形象本身发展的具体描写，以致使这一重要人物艺术上略显苍白。

反法西斯卫国战争时期，肖洛霍夫以《真理报》《红星报》等的军事记者身份上前线，写了不少揭露希特勒法西斯的野蛮侵略罪行和反映苏联军民爱国热忱和英雄主义的杂文和特写。总的讲，在斯大林领导的苏联无产阶级专政年代里，肖洛霍夫的文学创作，思想上和艺术上都是不断进步的，曾经取得了一定的成绩。

1956年，自苏共第二十次代表大会以来，由于赫鲁晓夫、勃列日涅夫集团的多方拉拢，肖洛霍夫在政治上和文学创作上都发生了显著的变化。政治上，他吹捧领导集团的修正主义路线是"一种沁人肺腑的活命泉水"，使得他"可以敞开胸襟轻松地呼吸"。在创作方面，他先后发表了《一个人的遭遇》（1956）、《被开垦的处女地》第二部（1959）和《他们为祖国而战》的部分章节（1969）等一系列作品，都是以卫国战争和农业集体化为题材，宣传某些现代修正主义思想、观点。短篇小说《一个人的遭遇》写的是一个普通苏联劳动者在反法西斯卫国战争中的经历。作者在歌颂苏

联人民的勇敢精神、反映法西斯侵略者给苏联人民带来惨重损失的同时，竟无视这场战争的伟大正义性质。小说通过主人公索科洛夫战前美满幸福的家庭生活和战后孤苦伶仃、漂泊流浪的鲜明对比，突出渲染战争和人的"悲剧冲突"，具有一定的资产阶级和平主义倾向。

在《被开垦的处女地》第二部里，他借反映格内米雅其村集体农庄的巩固过程，不仅把共产党员达维多夫等描写成目光短浅、热衷于个人幸福的资产阶级庸人，而且让农庄的两位主要领导干部和潜伏的阶级敌人同归于尽。小说以极其伤感的情调结束，着力渲染刚刚实现集体化的社会主义农村不仅十分阴郁，而且前景惨淡。《他们为祖国而战》按照作者1942年开始动笔时的构思，是要表现苏联红军在卫国战争中的英雄主义。但长篇的主要部分始终没有问世，而在1969年发表的部分章节中，作者却借主人公在1939年到农村探亲休养的一段经历，以反对"个人迷信"为名，指名攻击斯大林从30年代起就"瞎了眼""闭着眼睛治理国家"！

肖洛霍夫苏共第二十次代表大会以后的活动和创作，受到苏联领导集团的特别重视和屡屡嘉奖。他于1960年因小说《被开垦的处女地》获得列宁奖金。1965年，在他60寿辰时得列宁勋章。1975年，当他70寿辰时还被授予"社会主义劳动英雄"称号。赫鲁晓夫、勃列日涅夫集团取得苏联党和国家的领导权以来，肖洛霍夫一直是苏共中央委员、苏联作协理事会书记。肖洛霍夫由于"他在对顿河流域的史诗般的描写中，以艺术力量和正直的创造性反映了俄罗斯人民的一个历史阶段"，于1965年获诺贝尔文学奖金。肖洛霍夫于1984年逝世。

# 《静静的顿河》故事梗概

长篇小说《静静的顿河》被称为"史诗性巨著",广泛而真实地再现了俄国十月革命和国内战争时期艰难曲折的过程,深刻揭示出转折过程中哥萨克阶级斗争的复杂、尖锐和残酷,从而反映出旧制度的灭亡和新制度的诞生是不可避免的,哥萨克转到苏维埃是历史的必然。全书以中农哥萨克麦列霍夫一家的兴衰为主要线索,以逐渐走向灭亡的悲剧人物葛利高里为贯穿全书的"中心主人公",以社会生活和私人生活两线交织。对人物的塑造鲜明、形象,历史真人与虚构形象交融结合,辉映相衬;语言丰富生动,独特的哥萨克口语,大量的民歌民谣,具有强烈的感染力。

顿河边上的鞑靼村,住着三百多户人家,这些人大多数是哥萨克人。在北岸住着这样一家人,全家人勤劳质朴,恪守哥萨克传统。当家的潘苔莱和妻子。大儿子彼得和媳妇妲丽,小儿子葛利高里,爱女杜妮亚。而邻居却是不务正业、整日酗酒、放荡、打老婆的司契潘和婀克西妮亚一家。彼得和司契潘入军营参加训练,司契潘的离开,使得葛利高里有机会追求婀克西妮亚。两人的感情迅速发展,公开同居了。参加军事训练回来的司契潘回到家后,毒打妻子婀克西妮亚,又和葛利高里进行一场恶斗。但是两人仍然暗中往来。潘苔莱为了儿子葛利高里不再惹事,便来到米伦家求

婚，希望他的女儿娜塔莉雅嫁给葛利高里。

米伦是村中的有钱人家，对贫穷的潘苔莱家境不满意，再说葛利高里的名声又不好，所以婚事一推再推，迟迟不肯答应。女儿娜塔莉雅非常满意，执意要嫁给葛利高里。不久，两家的婚事促成了，娜塔莉雅嫁给了葛利高里。婚后，葛利高里对妻子的冷淡和顺从十分不满意，他的心里仍然忘不了婀克西妮亚，每天去找婀克西妮亚。娜塔莉雅忍受不了丈夫的冷落，坚持要回娘家，葛利高里遭到父亲的斥责后搬出去住了。几天之后，葛利高里带着婀克西妮亚私奔。失去丈夫的娜塔莉雅感到生活没有意义，她想到了自杀。不久，婀克西妮亚怀孕了，生下一个女儿。

村里的莫霍夫开了一家磨坊，工人达维德加和"丁钩儿"被开除了。这时，一个叫施克托曼的外乡人来到这里，他以铁匠铺为据点，把贫穷的哥萨克群众聚集在一起，成立了核心小组。葛利高里应征入伍了。战争使顿河沿岸的城镇荒凉起来。士兵们强奸妇女，抢劫、乱杀俘虏。葛利高里讨厌这些士兵，一种憎恶和疑惑扰乱了他的思想。在一次战斗中，他负伤救出了龙骑兵团长，得到了一枚乔治勋章，升为下士。葛利高里回到家乡，这里的一切都发生了变化，他的女儿已经死了，婀克西妮亚被地主的少爷所勾引。葛利高里万分气愤，痛打地主少爷后，他又找到娜塔莉雅重归于好。葛利高里的升级和得到的勋章，使他在村子里受到人们的尊敬。他再次重返前线时，忘我的勇敢，相继得到了4枚乔治勋章。

不久，沙皇退位，克伦斯基临时政府成立。1917年，十月革命胜利，诃晒沃依、伊万回到了鞑靼村。这年年底，科尔尼洛夫、邓尼金开始向革命反扑，顿河地区遭到了更加严重的痛苦和灾难。葛利高里因战功很快被沙皇军队提升为排长，这时，他拥护哥萨克独立。波得捷尔珂夫向他指出，只有建立人民政权，人民才不再受压迫。在革命的影响下，葛利高里参加了红军，担任连长，英勇地同白匪作战，不久，波得捷尔珂夫任顿河地区革命军事委员会主席，领导顿河革命人民向白军展开顽强的斗争。但是，在这场斗争中，葛利高里又看到了另一面，波得捷尔珂夫杀害的被俘的哥萨克军官和士兵。葛利高里又迷惘了，犹豫了。他曾向往布尔什维克的心也冷掉了，在顿河建立苏维埃政权斗争的最高潮时离开了自己的队伍，逃避这整个的、沸腾的仇恨和难以理解的世界。葛利高里不辞而别，回到家里，他受到人们的欢迎。娜塔莉雅此时显得更美丽了。在家里，他无精打采地和父亲争论。

顿河地区反革命叛乱开始了。许多市镇和村庄推翻了苏维埃，选举镇长和村长。葛利高里在父亲和哥哥的影响下，加入了叛军队伍。在同红军作战过程中，他"渐渐地也憎恨起布尔什维克来了"，他把布尔什维克看成"他的生活上的敌人"。波得捷尔珂夫和部下被捕了，临刑前，葛利高里对波得捷尔珂夫说："你该记是怎样枪毙那些俘虏军官的！"顿河地区被白军占领了。革命与反革命在争夺哥萨克，鞑靼村的哥萨克村民，一些人倒向红军，一些人倒向白军。葛利高里参加叛军同红军作战。

红军再次占领鞑靼村的时候，葛利高里公开咒骂苏维埃政权"除了使哥萨克破产以外，什么都得不到，这是庄稼佬的政权，庄稼佬才需要它。"葛利高里拒绝出工，村民不来开会，拒绝帮助红军伤员。村里传遍了要把哥萨克全部消灭掉的消息，哥萨克村民都暴动起来了。米伦、彼得被枪毙了，潘苔莱、葛利高里被列入逮捕者名单。葛利高里怀着疯狂仇恨和野蛮

报复心理，残酷杀害大批红军战士，他把抓到的俘虏全部杀掉，在叛军里由连长逐步升为师长。在一次战斗中，他砍死4名红军战士后，他又带着负罪心理，释放了被关押的红军家属，营救被俘的红军朋友。他的整个精神状态面临着崩溃，他酗酒、放荡，内心极端苦闷，几乎到了神经错乱的地步。

暴动失败后，他带着婀克西妮亚随白军外逃，但没有成功。于是他怀着"把过去的罪过都赎过来"的心情，参加了红军骑兵队，在同白军作战中表现得很英勇，因而立功受奖，晋升为团长。不久，葛利高里复员回到了鞑靼村。葛利高里回到家乡，父母、妻子都已死了。他的妹夫，鞑靼村革命军事委员会主席珂晒沃依明确宣布要追究他的反革命罪行，他惧怕清算旧账，加入佛明匪帮。不久，匪帮被消灭了，葛利高里带着情人婀克西妮亚远走他乡，半路遇到征粮队的袭击，婀克西妮亚中弹身亡。葛利高里像幽灵一样在森林里游荡。最后，他怀着痛苦绝望的心情回到了家乡。

## ◎新美南吉

新美南吉(1913—1943年),日本著名儿童文学作家。新美南吉的儿童文学作品,非常强调故事性,起承转合,曲折有致。他说:"应该想到童话的读者是谁。既然读者是小孩而不是文学青年,那么今日的童话就应努力回归到故事性来。"二次大战后出现的日本儿童文学新派作家,大都把新美南吉看作是最值得推崇的前辈作家。

新美南吉

新美南吉是日本著名的儿童文学作家,他一生创作了大量情节性强、乡土气息浓郁的童话作品。他曾经说过:"我的作品包含了我的天性、性情和远大的理想。假如几百年几千年后,我的作品能够得到人们的认同,那么我就可以从中获得第二次生命。"主要作品有《毛毯和钵之子》《爷爷和玻璃罩煤油灯》《新美南吉全集》《校定新美南吉全集》等。1943年,新美南吉去世,年仅30岁。

## 新美南吉作品欣赏

### 去年的树

一棵树和一只鸟儿是好朋友。鸟儿坐在树枝上,天天给树唱歌,树呢,天天听着鸟儿唱。日子一天天过去,寒冷的冬天就要来到了。鸟儿必须离开树,飞到很远很远的地方去。树对鸟儿说:"再见了,小鸟!明年请你再回来,还唱歌给我听。"鸟儿说:"好的,我明年一定回来,给你唱歌,请等着我吧!"

鸟儿说完,就向南方飞去了。春天又来了。原野上、森林里的雪都融化了。鸟儿又回到这里,找她的好朋友树来了。可是,发生了什么事情呢?树,不见了,只剩下树根留在那里。"立在这儿的那棵树,到什么地方去了呀?"鸟儿问树根说。树根回答:"伐木人用斧子把他砍倒,拉到山谷里去了。"

鸟儿向山谷里飞去。山谷里有个很大的工厂,只听着锯木头的声音,"沙——沙——"地响着。鸟儿落在工厂的大门上。她问大门说:"门先生,我的好朋友树在哪儿,您知道吗?"门回答说:"树么,在厂子里给切成细条条儿,做成火柴,运到那边的村子里卖掉了。"

鸟儿向村子里飞去。在一盏煤油灯旁,坐着一个小女孩儿。鸟儿问女

孩儿:"小姑娘,请告诉我,你知道火柴在那儿吗?"小女孩儿回答说:"火柴已经用光了。可是,火柴点燃的火,还在这个灯里亮着。"

鸟儿睁大眼睛,盯着灯火看了一会儿。接着,她就唱起去年唱过的歌儿,给灯火听。唱完了歌儿,鸟儿又对着灯火看了一会儿,就飞走了。

### 白蝴蝶

一个老爷爷在街角卖气球。这束气球,有红的、有蓝的、有黄的、有紫的,还有别的颜色的。它们脸儿贴着脸儿,随着风在空中飘动。一只白色的蝴蝶,每天都飞到这束气球这儿来,跟它们在一起玩儿。这束气球里有个很小的红气球,白蝴蝶跟它最好啦!有一天,一个背着娃娃的阿姨走过来,用一分钱买走了那个小红气球。

在走的时候,小红气球说:"再见啦,蝴蝶!"可是,白蝴蝶说:"不,我要跟你走!"白蝴蝶扇动着翅膀,跟在红气球的后边。那个背娃娃的阿姨穿过一条林荫路,走向公园。红气球给一根细线牵着,跟在她背后。在红气球的后边,又跟着白蝴蝶。阿姨一走进公园,就在长椅子上坐下来,唱起哄娃娃睡觉的催眠曲:噢——噢——睡觉喽——噢——噢——睡觉喽——

还没等小娃娃睡呢,她自己倒先"呼呼"地睡着了。白蝴蝶不放心地问红气球:"这以后,你要到什么地方去呢?"红气球说:"我也不知道。"这个时候,阿姨不知不觉地松开了手,细线滑了出去,红气球开始飘向天空。白蝴蝶也跟着红气球,向天空飞去。

"我不知道会飞到什么地方,蝴蝶,你快回家去吧……"红气球说。"不,我跟着你。"白蝴蝶说。红气球越飞越高,白蝴蝶也越飞越高。往下

看去,城市变小了,房子跟玩具积木似的。"别再跟着我了,好蝴蝶,我还不知道会飞到什么地方去呢!"红气球说。可是,白蝴蝶还是扇动着翅膀,跟着他走。不一会儿,红气球和白蝴蝶都看不见了。

## 狐狸阿权

这是我小时候听村里的茂平大爷讲的故事。从前,在我们村子附近一个叫做中山的地方有一座小城堡,据说这里住着一位姓中山的老爷。离这中山城堡不远的山里,住着一只名叫阿权的小狐狸。阿权没有亲人,在那长满羊齿草的森林中打了一个地洞当自己的家。不管是夜晚还是白天,它都常跑到附近一带的村子里,有时将地里的山芋刨得乱七八糟,有时在晒着的油菜秸秆上放把火,有时又将农民家后门口挂的辣椒揪下来。总之,它尽干各种淘气的事。

这年秋天,有一次接连下了两三天雨,弄得阿权没法出去玩,只好在洞里蹲着。天一晴它就像得救似地爬出洞口。洞外万里碧空,不时传来伯劳鸟一阵阵唧唧的叫声。阿权一直跑到村里的小河堤上。四周的狗尾巴草上还挂着晶莹闪亮的雨珠。河边的狗尾巴草和胡枝子的茎秆平时从来是浸不到水的。现在却也被浊黄的积水冲得倒向一起,显得零乱不堪。

阿权沿着泥泞的小路朝小河的下游走去,突然看见有个人站在河里正干着什么。阿权怕他发现,便悄悄钻进草地,一动不动地躲在那里窥视着外面的动静。噢,是兵十呀!阿权想道。兵十将身上那件黑色破和服的下摆朝上卷起,浸在齐腰深的水中,晃动着一张捕鱼用的网。他头上缠着布巾,一片圆圆的胡枝子叶儿贴在一边脸上,就像一粒大大的黑痣。

过了一会儿,兵十将鱼网最后端一个像口袋似的东西从水中提了起

· 170 ·

来，里面塞着草根草叶和烂木片等乱七八糟的玩艺儿，但也能看到东一块西一块白花花的东西——噢，那是大鳗鱼和大鲫鱼的肚皮在闪闪发亮呢。兵十将这些鳗鱼和鲫鱼连同乱七八糟的东西一起扔进了鱼篮，接着把袋口扎紧又放进了水中。

兵十提着鱼篮从河里上了岸，将鱼篮放在河堤上，自己像是要找什么似地朝小河上游方向跑去。兵十一走，阿权又有点想搞恶作剧了。它嗖地一下从草丛中站了出来，跑到鱼篮跟前，把篮中的鱼抓了出来，一条条地朝张鱼网处的下游河里扔去。所有的鱼都扑通扑通地钻进了混浊的水中。

最后剩下一条大鳗鱼，阿权伸爪子去抓，可是这鱼溜滑溜滑的，用爪子怎么也抓不住。阿权急了，将脑袋伸进鱼篮里，一口叼住鳗鱼头。那鳗鱼呼啦一下朝阿权的颈脖裹去。正在这当儿，迎面传来兵十的叫骂声："哼！你这贼狐狸！"阿权吓得蹦了起来，那鳗鱼却紧缠着它的脖子不放。阿权只好飞快地往旁边一闪，没命地逃到自己洞穴附近的赤杨树下，回头一看，兵十并没追上来。阿权松了口气，将鳗鱼头咬碎，才总算解脱开来，然后便将鳗鱼丢在了洞口的草地上。

过了十来天，阿权走过农民弥助家的屋后时，看见弥助的妻子正在无花果村下染牙齿；它又走过铁匠新兵卫家的屋后时，看见新兵卫的妻子正在梳头。嗯，村里有什么事了吗？阿权思忖道：是什么呢？是秋祭吗？那应该听到大鼓和笛子声呀，更何况店铺还应挂旗子呢。阿权边想边走，不知不觉间已来到门口有个红色井台的兵十家的门前，看见许多人聚在那又小又破的屋里。一些穿着日本式礼服，腰间挂着布手巾的妇女在门口的灶前烧火。大锅里咕嘟咕嘟地煮着什么。

啊，是葬礼呀！阿权想道：兵十家谁死了呢？天一过晌午，阿权便跑到村上的墓地，躲在地藏菩萨塑像的背后。今天天气真好，远处城堡的顶瓦在阳光下闪闪发光。墓地上，石蒜花竞相开放，恰似给地上铺了一层红布。这时，村子那边传来了钟声，这是出殡的信号。不一会儿，开始看到身穿白衣的送葬队伍过来，说话声也近了。队伍进了墓地，人们走过的地方，石蒜花都被踩倒了。

阿权踮起脚来，看到兵十穿着一身白色的孝服，手捧灵牌。那张平时好似山芋一样红通通、显得精神抖擞的脸庞儿今天不知怎的也变得无精打采的了。啊，死的是兵十的妈妈呀！阿权边想边将头缩了回来。这天夜里，阿权在洞中想道：兵十的妈妈睡在床上的时候，一定很想吃鳗鱼，所以兵十将鱼网带出去了，可是我却恶作剧地将鳗鱼拿了来，弄得兵十的妈妈没吃上鱼。他妈妈肯定就这样死去了，临死时还一心念着吃鳗鱼、吃鳗鱼的。唉，我不该开那种玩笑的！

"兵十正在红色的井台上淘小麦。兵十以前一直和母亲两人一块儿过着穷日子。妈妈一死，只剩下了他一个人。兵十也和我一样孤苦伶仃了！"阿权从仓房后面看着兵十，这样想道。阿权刚离开仓房边，要向兵十那边跑去时，不知什么地方传来了叫卖沙丁鱼的吆喝声："沙丁鱼便宜卖喽！新鲜的沙丁鱼哟！"阿权又朝那吆喝声的方向奔去。这时，弥助的妻子在房门口招呼道："拿点沙丁鱼来！"

卖沙丁鱼的将载有沙丁鱼筐的车子停在路旁，两手抓着白花花的沙丁鱼走进了弥助家。阿权趁这空子，从鱼篮中抓出了五六条沙丁鱼，又忙朝刚才来的方向跑去，并将鱼从兵十家的后门口扔了进去，然后便奔回自己

172

的洞穴，半路上从一个坡顶上回首眺望，看得见还在井边淘小麦的兵十那小小的身影。阿权觉得自己已为赔偿兵十的鳗鱼做了头一件好事。

第二天，阿权在山上采了很多栗子，捧着来到兵十家。它从后门往里一看，兵十正在吃中饭。只见他捧着碗，怔怔地在想着什么。奇怪的是兵十的腮帮子上还带着点伤。正在阿权猜想他受伤的原因时，只听兵十喃喃嘀咕道："到底是谁把沙丁鱼扔进我家来的呢？结果让我被鱼贩子当贼好揍了一顿。"阿权一听，心想：这下可糟了，可怜的兵十准是被鱼贩子揍得落下伤来的吧？它边想边悄悄绕到仓房那边，将栗子放在门口，便回去了。后来，阿权又接连两天采了栗子送到兵十家去。再后来，它不但送栗子，每天还送两三个蘑菇去。

这天晚上，明月当空，阿权又出去闲逛了。它走过中山老爷的城堡不远，就听见金琵琶的叫声中夹着说话声，像有人顺小路迎面走来了。阿权躲到路旁，屏息静气地听着说话声渐渐近了。"噢，我想起来了，弥助！"这是兵十的声音。"啊？""我最近碰到了很怪很怪的事情。""什么事？""自从妈妈死后，不知是谁，每天都把栗子和蘑菇送到我家来。""噢？那是谁干的呢？""就是搞不清楚呀！是趁我不知道的时候，把东西放下就走的。"阿权悄悄地跟在两人后面走。只听弥助又问道："是真的吧？""当然是真的。你要认为我是说谎，明天来看看好了——我把那栗子拿给你瞧！""嘿，真有这种怪事呀！"

说到这儿，两人便再没说话，只顾走着。过了一会儿，弥助无意中回头看看。阿权连忙站住，将身子蜷了起来。弥助没注意到它，仍快步向前走着。两人到了一个名叫吉兵卫的农民家门口，便走了进去。屋里传来敲

木鱼的笃笃声,灯光将和尚那晃动着的大光头影子映在窗户纸上。噢,是在念经呀。阿权边想边在井台上蹲了下来。过了一会儿,又有三个人一块儿进了吉兵卫家。屋里传来念经的声音。

　　阿权一直蹲在井台边上,直到念经结束。兵十和弥助又一起回家去。阿权想听听他俩的话,便又跟了上去,借着兵十的影子隐蔽着自己。到了城堡前,弥助开口了:"刚才说的那事儿肯定是神仙干的。""啊?"兵十惊讶地看着弥助的脸。"我刚才一直在想:这不会是人,肯定是神仙。神仙觉得你一人孤单单的怪可怜,便施舍了各种各样的东西给你。""是吧?""当然喽!所以你最好每天都要敬敬神仙。""嗯。"阿权这时想到:嗨,这家伙真是扯淡!我给他送去栗子和蘑菇,可他不敬我,却要去敬什么神仙。我可不上算啦!

　　第二天,阿权又带着栗子往兵十家来。兵十正在仓房搓草绳,于是阿权便从后门偷偷地溜进了他家。这时,兵十一抬头:呀,家里跑进一只狐狸!上次偷我鳗鱼的狐狸阿权又来捣蛋了!"好啊!"兵十站起身,拿下挂在库房的火绳枪,装上火药,然后蹑手蹑脚地靠上前去,一枪打中了正要跑出门来的阿权。兵十跑了过来,一下看到进门处放着一堆栗子,不禁吃惊地将目光落在阿权身上。"呀,一直给我送栗子来的是你吧,阿权?"阿权闭着眼睛,无力地点点头。兵十手中的火绳枪哐当一声掉到地上,那枪口还冒着缕缕青烟。

## ◎加　缪

加缪（1913—1960年），法国作家，生于阿尔及利亚的蒙多维，父亲是欧洲人，母亲是西班牙血统。父亲战死疆场。加缪是在北非的贫民窟长大。从少年时代起，贫穷与死亡的阴影就与加缪长相伴，这使他更能深切体会人生的荒谬与荒诞，他的一生都在与荒诞作斗争。1942年，加缪离开阿尔及利亚前往巴黎，开始秘密活跃于抵抗运动中，主编地下刊物《战斗报》。

1935年开始从事戏剧活动，创作的剧本有《误会》《卡利古拉》

加　缪

《戒严》和《正义》等。还写了许多著名小说，《局外人》不仅是他的成名作，也是荒诞小说的代表作。长篇小说《鼠疫》曾获法国批评奖。加缪在20世纪50年代以前，一直被看作是存在主义者。1951年加缪发表了哲学著作权《西西弗神话》《反抗者》之后，引起一场与萨特等人长达一年之久的论战，最后与萨特决裂，这时人们发现加缪是荒诞哲学及其文学的代表。

加缪的创作特色是用白描手法，极其客观地表现人物的一言一行。文笔简洁、明快、朴实，保持传统的优雅笔调和纯正风格。他的"小说从严都是形象的哲学"，蕴含着哲学家对人生的严肃思考和艺术家的强烈激情。体现了适应工业时代要求的新人道主义精神，肯定了精神世界的存在。1957年，因"作为一个艺术家和道德家，通过一个存在主义者对世界荒诞性的透视，形象地体现了现代人的道德良知，戏剧性地表现了自由、正义和死亡等有关人类存在的最基本的问题"，被授予诺贝尔文学奖。1960年因车祸身亡。

## 《局外人》与《鼠疫》

小说《局外人》是加缪的成名作。加缪把《局外人》的主题概括为一句话："在我们的社会里，任何在母亲下葬时不哭的人都有被判死刑的危险。"这种近乎可笑的说法隐藏着一个十分严酷的逻辑：任何违反社会的基本法则的人必将受到社会的惩罚。翻开加缪的《局外人》，可以看到的

第一句话是"今天,妈妈死了。"可是陡然一转:"也许是昨天……"一折一转,看似不经意,却包含了无限意味。"妈妈……",这样亲昵的口吻分明只会出自孩子的口中,可是说话人恰恰不是孩子,而是一个叫默而索的年轻人。

默而索不用成年人说的"母亲"而说"妈妈",这首先就让人感动。人们会想:他在内心深处该是对母亲蕴藏着多么温柔多么纯真的感情啊!可是他接到母亲去世的电报时没有哭,就是在母亲下葬时也没有哭,他糊里糊涂地看着母亲下葬,甚至不知道母亲的年龄……尤其令人感到愤慨的是:在母亲下葬后的第二天,他就去海滨游泳,和女友一起去看滑稽影片,并且和她一起回到自己的住处。这就是那个看起来对母亲饱含深情的默尔索么?

可是不止于此,当名声不好的邻居要惩罚自己的情妇,求他帮助写一封信,他竟答应了。老板建议他去巴黎开设一个办事处,他毫无热情。对于巴黎这个国际大都市,他说:"很脏。有鸽子,有黑乎乎的院子……"对自己的婚姻大事,他表示无论什么都行。最后,他迷迷糊糊地杀了人,在法庭上他一点也不关心法庭对自己的审判。在就要被处死的前夜,他居然感到他"过去曾经是幸福的","现在仍然是幸福的"。他大概觉得这还不够,他又说了这样一句让人莫名其妙的话:"为了使我感到不那么孤独,我还希望处决我的那一天有很多人来观看,希望他们对我报以仇恨的喊叫声。"

默而索的消极、冷漠、无动于衷、执着于瞬间的人生等无疑具有一种象征的意义:荒诞,这个存在主义作家们一直念念不忘的关键词。《局外

177

人》正是荒诞人生的一幕。莫尔索也是西西弗的兄弟。而加缪在为美国版《局外人》写的序言中说:"他远非麻木不仁,他怀有一种执着而深沉的激情,对于绝对和真实的激情。"这也许是不错的,莫尔索就是加缪心目中那种"义无反顾地生活""尽其可能地生活"的人,他声称自己过去和现在都是幸福的。这正符合加缪的想法:"幸福和荒诞是同一块土地上的两个儿子",幸福可以"产生于荒诞的发现"。默而索是在监狱里获得荒诞感的,一声枪响惊醒了他。于是,默而索成了荒诞的人,也就是加缪所认为的幸福的人。

《局外人》的主人公莫尔索是阿尔及尔一个公司的法国职员,一个年轻的小伙子。小说通过自述形式来表现出莫尔索对一切都似乎漠不关心,无动于衷。具体的细节不加赘述。小说分两个部分,第一部分叙述莫尔索回到乡下参加母亲的葬礼,以及到他莫名其妙地在海滩上杀人。这一部分按时间顺序叙述,像记流水账,显得有些啰嗦。我们看到的莫尔索是那么冷漠,简直只是个纯感官的动物,没有思考。莫尔索杀人仅仅是因为太阳,这看起来真的显得荒谬,可事实就是如此。

第二部分是莫尔索被审讯的过程。这一部分主要通过莫尔索在监狱里的生活,他逐渐习惯了失去自由,靠回忆打发日子。他想的东西很多,但是他对死并不感到恐惧和悲哀,他认为30岁死或70岁死关系并不大。他拒绝神甫为他祈祷,他因为不耐烦而终于爆发。"他人的死,对母亲的爱,与我何干?……他所说的上帝,他们选择的生活,他们选中的命运,又都与我何干?"死亡的前夜,莫尔索第一次向这个世界敞开了心扉,他觉得自己过去是幸福的,现在仍然是幸福的,他至死都是这个世界的"局外

人",他感受到了自己生之世界的荒谬,他至死幸福。

《鼠疫》是一部寓言体的小说。它是一篇有关法西斯的寓言。当时处于法西斯专制强权统治下的法国人民——除了一部分从事抵抗运动者之外——就像欧洲中世纪鼠疫流行期间一样,长期过着与外界隔绝的囚禁生活;他们在"鼠疫"城中,不但随时面临死神的威胁,而且日夜忍受着生离死别痛苦不堪的折磨。加缪继续他的存在主义主题:世界是荒谬的,现实本身是不可认识的,人的存在缺乏理性。

加缪自己曾这样说:"《局外人》写的是人在荒谬的世界中孤立无援,身不由己;《鼠疫》写的是面临同样的荒唐的生存时,尽管每个人的观点不同,但从深处看来,却有等同的地方。"但是从《局外人》到《鼠疫》,加缪的思想已经发生了变化。里厄医生不再如莫尔索那样对一切都漠不关心,他与不知从何而来的瘟疫展开斗争,而且在斗争中,他看到爱情、友谊和母爱给人生带来的幸福。里厄医生的人不是局外人,他看到了只有道德高尚、勇于奉献画的人联合起来战胜瘟疫,人类社会才有一线希望。小说结构严谨,人物性格鲜明,对不同处境中人物心理和感情的变化刻画得深入细致;人与瘟神搏斗的史诗篇章、生离死别的动人哀歌、友谊与爱情的美丽诗篇、地中海的奇幻画面,增加了小说的艺术魅力。

# 加缪作品欣赏

## 荒谬和自杀

　　真正严肃的哲学问题只有一个：自杀。判断生活是否值得经历，这本身就是在回答哲学的根本问题。其他问题——诸如世界有三个领域，精神有九种或十二种范畴——都是次要的，不过是些游戏而已；首先应该做的是回答问题。正如尼采所说，如果一个哲学家要自己的哲学受到重视，那他就必须以身作则；要是这种说法是正确的，人们就会理解到回答这个问题是多么重要，因为这种回答先于最后的行动。心灵对这些显而易见的事实是十分敏感的。但是，应该更深刻地分析这些事实以便使我们活得更明白。

　　如果要问，根据什么而得出这个问题比其他问题更为急迫呢？我会回答说，根据它要进行的行动。我还从未见过为本体论原因而去死的人。伽利略曾经坚持过重要的科学真理，而一旦他穷困潦倒，就轻易地放弃了自己的主张。从某种意义上讲，他做得对。为这个真理遭受火刑是不值得的。地球或太阳哪一个围绕着另一个转，从根本上讲是无关紧要的。总而言之，这是个微不足道的问题。但是，我却看到：许多人认为他们的生命不值得再继续下去，因而就结束了生命；我还看到另外一些人，他们荒唐地为着那些所谓赋予他们生活意义的理想和幻想而死（被人称之为生活的理由同时也就是死的充分理由）。因而我认为生命意义的问题是诸问题中最急需回答的问题。

如何回答这个问题呢？我认为那些要冒险去死的人和那些以十倍的热情渴望生的人对于一切基本问题的回答都只有两种思考的方法：一种是帕里斯的方法，另一种是唐·吉诃德的方法。事实推理法和抒情诗式表达法的平衡是使我们能同获得激情与清醒的唯一途径。在一个既如此卑微又如此富于悲怆情调的主题中，学者式的和古典的辩证法应该退居让位。人们是在更加素朴的思想立场上设定这个主题的，这种立场同时来自正确的方向与同情好感。

人们向来把自杀当作一种社会现象来分析。而我则正相反，我认为问题首先是个人思想与自杀之间的关系问题。自杀的行动是在内心中默默酝酿着的，犹如酝酿一部伟大的作品。但这个人本身并不觉察。某天晚上，他开枪或投水了。人们曾对我谈起一个无家可归的流浪汉自杀了，说他在五年前失去了女儿，从此他就完全变了，人们说他的经历早已为自杀的行动"设下了伏雷"，人们还没能找到比"设下伏雷"更准确的词。开始思想，就是开始设下伏雷。社会在一开始与自杀并无关联。隐痛是深藏于人的内心深处的，正是应该在人的内心深处去探寻自杀。这死亡的游戏是由面对存在的清醒过渡到要脱离光明的逃遁。我们应该沿着这条线索去理解自杀。

自杀的发生有许多原因，总的说来，最清楚明显的原因并不是直接引起自杀的原因。人们极少（但不能排除）因为反思而自杀。引发危机的因

素几乎总是不能控制的。报纸上常常谈到"内心的忧伤"或"无法医治的病痛",这些解释是对的。但似乎还应知道,如果在同一天里,有个朋友对那丧失希望的人以一种漠然冷淡的语调说话,那这个朋友就负有罪责。因为他的话足以加剧失望者的痛苦,加剧他悲观厌世的情绪。

然而,如果说要准确地确定思想是何时决定死亡以及采取什么微妙的步骤,是很困难的事,那么从死亡行动中获取思想预设的结果则是比较容易的了。在某种意义上讲——就像在情节剧中那样——自杀,就是认可,就是承认被生活超越或是承认人们并不理解生活。我不必把这种类比扯得太远,还是回过来用一些通常的用语加以说明。自杀只不过是承认生活着并不"值得"。诚然,生活从来就不是容易的,但由于种种原因,人们还继续着由存在支配着的行为,这其中最重要的原因就是习惯。一个人自愿地去死,则说明这个人认识到——即使是下意识的——习惯不是一成不变的,认识到人活着的任何深刻理由都是不存在的,就是认识到日常行为是无意义的,遭受痛苦也是无用的。

那么,这种要消除对生活必要的麻木精神的、难以尽述的感情究竟是什么呢?一个哪怕可以用极不像样的理由解释的世界也是人们感到熟悉的世界。然而,一旦世界失去幻想与光明,人就会觉得自己是陌路人。他就成为无所依托的流放者,因为他被剥夺了对失去的家乡的记忆,而且丧失了对未来世界的希望。这种人与他的生活之间的分离,演员与舞台之间的分离,真正构成荒谬感。无须多加解释,人们就会理解到:在所有健在而又已经想过要自杀的人身上,都存在着这种荒谬感与对虚无的渴望直接联结起来的关系。

本书的宗旨就是要讨论荒谬与自杀的关系，讨论在什么确定的范围内自杀成为荒谬的一种结果。我们在原则上可以说：在一个真诚的人看来，他笃信的东西是能够制约他的行动的。因而，对存在的荒谬性的笃信就能够支配他的行为。人们会好奇地问——清楚地而不是故作悲伤地——这种推理的结果会不会强制人们尽快地离开这不可理解的环境呢？显而易见，我在这里说的是那些准备与自身协调一致的人们。

用明确的词句提出这个问题，那问题似乎就显得既很简单却又难于解决。如果认为简单的问题其答案更为简单，或明晰性引发出明晰性，那就大错特错了。若先验明，颠倒问题的各项，那就和人自杀还是不自杀的问题一样，似乎只有两种哲学结果，即"是"和"不"这两种结果。这真是妙不可言！但是，还应谈到那些没有得出最终结论而总是提出疑问的人。我这里并不是开玩笑：这样的人是存在大多数的。我还同样看到一些人，他们嘴上回答的是"不"，但行动却证明他们想的是"是"。根据尼采的准则，这些人实际上是用一种或另一种方式来思考"是"的。然而，那些自杀的人又常常可能确信生活的意义。这样的矛盾屡见不鲜。甚至可以说，在逻辑学反而显示出那样强烈的诱惑力这点上讲，这些矛盾从来没有如此深刻过。在这个范围内，我们可以把诸种哲学理论与那些宣扬这些理论的人的行为加以比较。

但是，应该指出，在对生活意义持否定态度的思想家中，除了文学作品中的人物基里洛夫，天生耽于幻想的贝尔格里诺斯和善于预见假设的于勤·洛基叶之外，没有一个人把否定生活意义的逻辑推理发展到否定这个生活本身。为了嘲笑这种推理，人们常常举叔本华为例。叔本华在华丽的桌子前歌颂着自杀。其实，这并没有什么可笑的。这种并不看重悲剧的方法并不是那么严重，但用它最终可以判断使用它的人。

在这些矛盾和困难面前，是否应该认为，在人们可能对生活产生的意见和人们为离开生活而进行的行为之间没有任何联系呢？我们在这点上还是不要夸大其词。在一个人与自己的生活的关系中，存在着某种压倒世界上一切苦难的东西。身体的判断和精神的判断是相等的，而身体面对毁灭畏缩不前。我们在养成思考的习惯之前业已养成生活的习惯。在这迫使我们每天都一步步向死亡靠近的奔跑中，身体相对思考而言总是保持着这些不可挽回的提前量。最后，这种根本矛盾寓于我们称之为"躲闪"的东西之中，因为，按帕斯卡的说法，这种矛盾既轻于又强于消遣娱乐。对死亡的躲闪是本书的第三个论题，那就是希望：对一种必须与之"相称"的另一种生活的希望，或者对那些不是为生活本身而是为了某种伟大思想而生活的人的欺骗，这种思想超越了生活，使生活升华，它赋予生活某种意义并且背离了生活。

这一切使事情复杂化了。人们至此玩弄词句并且极力假装相信：否认生活的意义势必导致宣称生活不值得再继续下去，不过，这些企图并非毫无用处。事实上，在这两种判断之间并没有任何强制的尺度。只不过应该避免那些混乱的词句、分离和悬而未决的问题把我们引入歧途。应该避开这些，深入到真正的问题中去。一个人因为生活不值得经历而自杀，这无疑是一个事实——然而因为它是显而易见的，它乃是贫乏的事实。但是这种对存在的诅咒，这人们深陷其中的失望是否就是因为生活没有意义而产生的呢？生活的荒谬性是否就迫使人们或通过希望、或通过自杀来逃避它呢？这就是必须集中揭示、探寻并且阐明的问题。

荒谬支配死亡，应该认识到这个问题比其他问题都重要，避免一切思想方法和无关精神的游戏。一种"客观"精神总是能够把差异、矛盾、心理学引入所有问题之中，而这些东西在我们的研究中、在激情问题上都是没有地位的。这里需要的只是一种非正当的思想，即逻辑学。这并不是一件易事。合乎逻辑总是很容易的，但要从头至尾都合乎逻辑那是不可能的。用自己双手结束自己生命的人就是至死仍任凭其情感行事。对于自杀的思考提供给我一个提出唯一使我感兴趣的问题的机会：至死不变的逻辑是否存在？这个问题的答案只有遵循我要指出其根源的推理才可能得出，在这个过程中决不能带有混乱的情感冲动，而只能依靠清醒的分析。我就是把这称之为荒谬的推理。许多人已开始了这种推理，但我尚不知道他们是否坚持了下去。

为了说明构成统一的世界是不可能的，雅斯贝尔斯大声疾呼："这样的限制把我引向我自身，我在自身中就不再能躲避在一个客观观点的后面，而只能表现这种观点，这样，无论是我自己还是他人的存在都不再作为我的对象。"这时，他继许多作家之后又提到这荒芜缺水之地，思想在其中已是山穷水尽。继许多作家之后，是的，也许是如此。但是，有多少人急于要从中挣脱出来啊！许多人混杂于最卑微的人之中，到达这思想在其中摇曳不定的最后关头。这些人于是正在放弃他们所拥有的最珍贵的东西——他们的生命。

另一些人是精神骄子，他们也放弃了，但他们是在最纯粹的反抗中，进行了思想的自杀。真正有力量的人则相反，他们要坚持下去，他们把这

看作是可能的,就是说仔细地观察远处的奇异植物。坚持与清醒的态度是目击这非人道游戏的优先条件,荒谬、希望和死亡在这游戏中角逐争斗。精神在阐明并重新经历这种原始而又微妙的争斗的种种面貌之前,就已经能够分析它们了。